EDITORA DO CONHECIMENTO

Auxiliando a humanidade a encontrar a Verdade

Vril

O poder da raça futura

Vril
O poder da raça futura
Edward George Bulwer-Lytton

Vril, the power of the coming race (1871)

Todos os direitos desta edição
reservados à
CONHECIMENTO EDITORIAL LTDA.
Rua Prof. Paulo Chaves, 276 - Vila Teixeira Marques
CEP 13480-970 — Limeira — SP
Fone/Fax: 19 3451-5440
www.edconhecimento.com.br
vendas@edconhecimento.com.br

Tradução: Marco Castilho
Revisão: Mariléa de Castro
Projeto gráfico: Sérgio Carvalho
Ilustração da capa: Banco de imagens

ISBN 978-85-7618-228-3 — 1ª Edição - 2011

• Impresso no Brasil • *Presita en Brazilo*

Produzido no departamento editorial da
CONHECIMENTO EDITORIAL LTDA
Impresso na

a gráfica digital da **EDITORA DO CONHECIMENTO**
grafica@edconhecimento.com.br

Dados Internacionais de Catalogação na Publicação (CIP)
(Câmara Brasileira do Livro, SP, Brasil)

Bulwer-Lytton, Edward George (1803-1873)
Vril - O poder da raça futura /Edward George
Bulwer-Lytton ; [tradução de Marco Castilho] – 1ª.
edição –, Limeira, SP: Editora do Conhecimento,
2011.

ISBN 978-85-7618-228-3
Título original: *Vril, the power of the coming race.*

1. Ficção inglesa I. Bulwer-Lytton, Edward George
(1803-1873). II Título.

11-05783   CDD – 823

Índice para catálogo sistemático:
1. Ficção : Literatura inglesa 823

Edward George Bulwer-Lytton

Vril
O poder da raça futura

1ª edição
2011

EDITORA DO
CONHECIMENTO

Obras de Edward Bulwer-Lytton editadas pela Editora do Conhecimento:

- *Os Últimos Dias de Pompéia*
- *Rienzi - O último tribuno romano*
- *Vril*
- *Zanoni*
- *Godolphin*
- *Atenas: Ascensão e queda*

Capítulo 1

Sou nativo de..., nos Estados Unidos da América. Meus ancestrais migraram da Inglaterra no reinado de Charles II, e meu avô foi bem sucedido na Guerra da Independência. Minha família, portanto, desfrutou de uma posição social um tanto quanto elevada pelos direitos de nascença; e sendo também ricos, foram considerados desqualificados para o serviço público. Certa vez meu pai concorreu para o congresso, mas foi fortemente derrotado pelo seu alfaiate. Depois daquele acontecimento ele pouco interferiu na política e viveu a maior parte do tempo em sua biblioteca. Eu era o mais velho de três filhos e fui mandado para a Inglaterra aos dezesseis anos, em parte para completar minha educação literária e em parte para iniciar treinamento em uma empresa mercantil em Liverpool. Meu pai morreu logo depois que eu fiz vinte e um anos; e estando bem de vida e tendo um gosto por viagens e aventuras, desisti, por algum tempo, de toda busca pelo poderoso dólar e tornei-me um andarilho sem planos sobre a face da terra.

No ano de 18..., acontecendo de estar em..., fui convidado por um engenheiro profissional, com quem eu havia feito amizade, a visitar as entradas da mina..., na qual ele estava empregado.

O leitor entenderá, antes de terminar esta narrativa, minhas razões para ocultar toda pista sobre qual cidade eu escrevo e talvez me agradeça por abster-me de qualquer descrição que possa levar à sua descoberta.

Vou dizer, então, tão breve quanto possível, que acompanhei o engenheiro ao interior da mina e fiquei tão estranhamente fascinado por suas escuras maravilhas, e tão interessado nas explorações de meu amigo, que prolonguei minha estadia na região, e desci diariamente, por algumas semanas, às reentrâncias e galerias artisticamente escavadas pela natureza sob a superfície da terra. O engenheiro estava convencido de que depósitos de riqueza mineral bem mais abundantes que ainda não havia sido detectadas poderiam ser encontradas em um novo poço que havia sido iniciado sob seus cuidados. Ao perfurar esse poço chegamos um dia a um abismo com pontas e aparentemente queimado nos lados, como se tivesse explodido em pedaços em algum período distante, por erupções vulcânicas. Meu amigo tratou de descer esse abismo em uma "gaiola", tendo primeiro testado o ambiente com a luminária de segurança. Ele permaneceu aproximadamente uma hora no abismo. Quando retornou estava muito pálido, com uma expressão facial ansiosa e séria, muito diferente de sua característica comum que era aberta, alegre e destemida.

Ele disse rapidamente que a descida parecia não ser segura e que não levaria a nenhum resultado; e tendo suspendido futuras operações no poço, retornamos às partes mais familiares da mina.

Todo o resto do dia o engenheiro parecia preocupado por algum pensamento que o absorvia. Estava estranhamente taciturno e tinha um olhar assustado e confuso, como de um homem que tivesse visto um fantasma. À noite, como estávamos sentados sozinhos no alojamento, ficamos juntos próximos à boca da mina e eu disse ao meu amigo:

– Diga-me francamente o que você viu no abismo; estou certo que foi algo estranho e terrível. O que quer que seja, deixou sua mente em um estado de dúvida. Em tal caso, duas cabeças pensam melhor que uma. Confie em mim.

O engenheiro esforçou-se longamente para se esquivar de minhas perguntas mas, conforme ele falava, servindo-se inconscientemente de uma garrafa de conhaque até um nível a que ele estava totalmente desacostumado, pois era um homem equilibrado, sua reserva gradualmente se desvaneceu. Aquele que quer manter-se reservado deveria imitar os animais e beber água. Por fim ele disse:

Edward George Bulwer-Lytton

– Vou contar-lhe tudo. Quando a gaiola parou eu me encontrava no topo de uma rocha; e abaixo de mim o abismo, tomando uma direção inclinada, indo a uma profundidade considerável, numa escuridão que minha lanterna não poderia penetrar. Mas, para minha imensa surpresa, através dela fluía para cima uma luz brilhante e constante. Poderia ser algum fogo vulcânico; nesse caso eu certamente teria sentido o calor. Contudo, em havendo dúvida, era da maior importância para a segurança de todos esclarecer isso Examinei os lados da descida e verifiquei que era possível me aventurar nas projeções irregulares ou saliências, ao menos por um pouco a mais. Saí da gaiola e desci. Quanto mais eu me aproximava da luz, mais larga ficava o abismo e, por fim eu vi, num espanto inenarrável, uma estrada larga e plana no fundo do abismo, iluminada até onde os olhos podiam alcançar pelo que pareciam luminárias artificiais a gás colocadas em intervalos regulares, como nas vias de uma grande cidade; e, já confuso, ouvia distantes rumores como se fossem vozes humanas. Eu sei, é claro, que nenhum mineiro concorrente está trabalhando nesta área. De quem seriam aquelas vozes? Que mãos humanas poderiam ter nivelado aquela estrada e organizado aquelas luminárias?

A crendice supersticiosa, comum entre mineiros, de que gnomos e demônios vivem dentro das entranhas da terra, começou a apoderar-se de mim. Eu estremeci ao pensar em descer mais e desafiar os habitantes desse vale profundo. Certamente também não poderia tê-lo feito sem cordas, já que do ponto que eu alcançara até o fundo do abismo os lados da rocha afundavam de forma abrupta, lisa e íngreme. Refiz meus passos de volta com alguma dificuldade. Agora eu lhe contei tudo.

– Você vai descer de novo?

– Eu devo, embora sinta que não deveria ousar.

– Uma companhia confiável encurta a jornada e dobra a coragem. Eu irei com você. Levaremos conosco cordas de comprimento e força adequadas e, me desculpe, você não deve beber mais esta noite. Nossas mãos e pés devem estar equilibrados e firmes amanhã.

Capítulo 2

Com a manhã os nervos de meu amigo estavam de novo retesados e ele não estava menos agitado pela curiosidade que eu mesmo. Talvez mais; pois ele evidentemente acreditava em sua própria história, e eu tinha consideráveis dúvidas sobre ela. Não que ele tivesse deliberadamente dito uma inverdade, mas eu pensava que ele devia ter tido uma daquelas alucinações que tomam conta de nossa imaginação e nervos em lugares solitários e estranhos e nos quais damos forma ao amorfo e som ao silêncio.

Selecionamos seis mineiros veteranos para nos dar assistência em nossa descida; e como a gaiola levava apenas um de cada vez, o engenheiro desceu primeiro. E quando ele chegou na saliência na qual havia parado antes a gaiola subiu para mim. Eu logo estava ao seu lado. Tínhamos levado conosco um rolo de corda forte.

A luz atingiu minha vista como havia feito no dia anterior ao meu amigo. A depressão através da qual ela vinha inclinava-se diagonalmente; parecia uma luz ambiente difusa, não como fogo, mas macia e prateada como uma estrela do norte. Saindo da gaiola, nós descemos, um atrás do outro, com certa facilidade devido às saliências na lateral, até alcançarmos o lugar no qual meu amigo havia anteriormente parado e que era uma projeção

8

espaçosa que apenas nos permitia ficar lado a lado. Deste ponto o abismo alargava-se rapidamente como a ponta de um grande funil e eu vi distintamente o vale, a estrada e as luminárias que meu companheiro havia descrito. Ele não havia exagerado em nada. Ouvi os sons que ele ouviu – um indescritível som como de vozes e um lento caminhar de pés. Forçando a visão mais para baixo, eu claramente contemplei à distância o contorno de um grande edifício. Não poderia ser mera rocha natural, era muito simétrica, com enormes e pesadas colunas em estilo egípcio e tudo como que iluminado de dentro. Eu tinha comigo um pequeno telescópio de bolso e, com a ajuda dele, pude distinguir, próximo ao edifício que mencionei, duas formas que pareciam humanas, embora eu não pudesse ter certeza. Ao menos estavam vivos, pois se moviam e ambos desapareceram dentro do edifício. Nós agora nos detínhamos em prender a ponta da corda que leváramos conosco à saliência em que nos encontrávamos com a ajuda de grampos e ganchos que tínhamos levado, além das ferramentas necessárias.

Estávamos quase em silêncio em nosso trabalho. Trabalhávamos como homens receosos de falar um com o outro. Estando uma ponta aparentemente firmemente fixada à saliência, a outra, a qual prendemos um pedaço da rocha, descansava no solo abaixo, numa distância de uns quinze metros. Eu era mais jovem e ativo que meu companheiro e, tendo servido a bordo de navios na infância, esse modo de movimentação era mais familiar para mim do que para ele. Pedi para mim a dianteira, de tal forma que quando chegasse no solo eu poderia ajudar a segurar a corda de forma mais firme para sua descida. Cheguei incólume no solo abaixo, e o engenheiro começava agora sua descida. Mas ele mal havia alcançado três metros de descida quando as amarras, que achávamos tão seguras, cederam, ou melhor, a própria rocha mostrou-se perigosa, esfacelando-se pela pressão; e o infeliz homem precipitou-se no fundo, caindo aos meus pés e trazendo com sua queda lascas da rocha, uma das quais, felizmente pequena, me atingiu e me atordoou por um tempo. Quando recuperei os sentidos vi meu companheiro como uma massa inanimada ao meu lado, com a vida totalmente exaurida. Enquanto eu me dobrava sobre seu corpo com dor e horror, ouvi bem próximo um som estranho, algo entre um sopro e um assobio; e me virando instintivamente para o lado de onde vinha, vi emergindo de uma escura fissura na rocha uma cabeça grande e terrível, com as mandíbulas abertas e olhos sombrios, horripilantes e famintos − a cabeça de um monstruoso réptil lembrando a do crocodilo ou jacaré, mas infinitamente maior que a maior criatura daquele tipo que eu já tivesse visto em minhas viagens. Comecei a correr e fugir em direção ao vale na maior velocidade. Por fim parei, envergonhado de meu pânico e voltei ao lugar no qual havia deixado o corpo de meu amigo. Já não estava mais lá; sem duvida o monstro já o havia arrastado para seu covil e o devorado. A corda e os ganchos ainda estavam onde haviam caído, mas não me ajudariam a voltar; era impossível refixá-los à rocha acima, e as laterais dela eram muito íngremes e lisas para um humano escalar. Eu estava sozinho neste estranho mundo, em meio às entranhas da Terra.

Edward George Bulwer-Lytton

Capítulo 3

Lenta e cautelosamente segui meu solitário caminho pela estrada iluminada e em direção ao prédio que eu havia descrito. A estrada em si parecia uma grande passagem alpina, circundando montanhas rochosas com a qual aquela cujos abismos eu tinha descido formava uma ligação. Bem abaixo à esquerda havia um grande vale, o qual apresentava, para meus olhos atônitos, inconfundíveis evidências de arte e cultura. Havia campos cobertos com uma estranha vegetação, em nada semelhante a nenhuma que eu tivesse visto sobre a terra; a cor não era verde, mas mais como um tom cinza ou de um vermelho dourado.

Havia lagos e riachos que pareciam ter sido encurvados em margens artificiais; alguns de água pura, outros que brilhavam como poços de óleo. Ao meu lado direito, barrancos e desfiladeiros abertos entre as rochas, com passagens entre eles, evidentemente construídos com arte e ladeados por árvores lembrando, na sua maioria, gigantescas samambaias, com requintadas variedades de leves folhagens e caules como de palmeiras. Outros eram mais como cana, mas mais altas, carregando grandes ramos de flores. Outros, ainda, tinham a forma de enormes cogumelos, com caules curtos e grossos segurando uma larga cobertura como um domo, dos quais subiam ou pendiam longos galhos finos. Toda a cena atrás, na frente e do meu lado, tão longe quanto os olhos podiam alcançar, era brilhante, com inúmeras luminárias. O mundo sem um sol era brilhante e quente como numa paisagem italiana à tarde, mas com um ar menos opressivo, o calor mais suave. E não era o cenário na minha frente vazio de sinais de habitação. Eu podia distinguir à distância, fosse nas margens do lago ou riacho ou fosse sobre altos pisos, encravados entre a vegetação, prédios que deviam certamente ser casas de homens. Pude até descobrir, embora longe, formas que pareciam para mim humanos movendo-se entre a paisagem. Quando parei para admirar, vi à direita, planando rapidamente através do ar, o que parecia um pequeno barco, impulsionado por velas em forma de asas. Logo sumiu da vista, descendo em meio às sombras de uma floresta. Bem acima de mim não havia céu, apenas um teto de caverna. Esse teto ficava cada vez mais alto à distância nas paisagens distantes até se tornar imperceptível, como se uma névoa se formasse debaixo dele.

Continuando minha caminhada, eu vi – de um arbusto que lembrava um grande emaranhado de algas marinhas, entremeado com arbustos parecidos com samambaias e plantas de grandes folhagens como o de cacto – um curioso animal aproximadamente do tamanho e forma de um cervo. Mas como, depois de dar alguns saltos, se virou e me olhou com curiosidade, eu percebi que não era como nenhuma espécie de cervo existente sobre a terra, mas me trouxe instantaneamente à lembrança uma peça de gesso que eu havia visto em algum museu, de uma variedade de um grande cervo que diz-se ter existido antes do Dilúvio. A criatura parecia bem domesticada e, após me inspecionar por um momento ou dois, começou a pastar na singular pastagem em volta sem constrangimento e despreocupadamente.

Edward George Bulwer-Lytton

Capítulo 4

Agora eu podia ver o prédio por inteiro. Sim, havia sido feito por mãos e escavado parcialmente de uma grande rocha. Eu devia ter suposto à primeira vista ter sido da antiga forma de arquitetura egípcia. Era fronteado por enormes colunas, estreitando-se na parte superior dos grandes blocos e com capitéis que, conforme me aproximava, percebia serem mais ornamentais e mais fantasticamente graciosos que a arquitetura egípcia permitia. Assim como os capitéis coríntios imitavam as folhas do acanto, da mesma forma os capitéis dessas colunas imitavam a folhagem da vegetação vizinha a eles, alguns como cactos, alguns como samambaias. E agora saía desse prédio uma forma – humana; era humana? Parou no caminho e olhou em volta, me contemplou e se aproximou. Veio até alguns metros de mim e com a visão e presença dela um indescritível medo e tremor apoderou-se de mim, colando meus pés no solo. Lembrava imagens simbólicas de Gênios e Demônios que são vistos em vasos etruscos ou nas paredes de sepulturas orientais – imagens que emprestam os contornos do homem, mas, ainda assim, são de outra raça. Era alto, não gigantesco, mas tão alto quanto o mais alto homem abaixo da altura de gigantes.

Sua cobertura principal me parecia composta de grandes asas dobradas sobre o peito e alcançando os joelhos; o resto de sua roupa era uma túnica e calças de algum material fibroso fino. Ele usava sobre a cabeça um tipo de tiara que brilhava com jóias e carregava em sua mão direita um fino cajado de metal brilhante como aço polido. O rosto ! Era aquilo que me inspirou meu medo e tremor. Era a face de homem, mas um tipo de homem distinto de nossas raças conhecidas ainda existentes. O que mais se aproxima em contorno e expressão é a face da esfinge – em sua beleza calma, intelectual e misteriosa. Sua cor era peculiar, como dos homens vermelhos como nenhuma outra variedade de nossa espécie, mas ainda assim diferente – uma cor mais rica e macia, com grandes olhos negros, profundos e brilhantes, e sobrancelhas arqueadas em semicírculo. O rosto era imberbe; mas algo inominável no aspecto, tranquilo na expressão e bonito nas feições, despertou aquele instinto de perigo que a visão de um tigre ou serpente desperta. Eu senti que essa imagem como de homem estava dotada de forças não amigáveis ao homem. Conforme ele se aproximou, um tremor frio me tomou. Caí de joelhos e cobri o rosto com as mãos.

Capítulo 5

Uma voz falou ccmigo – um tom de voz muito calmo e musical – em um idioma de que não pude entender uma palavra mas que serviu para fazer desaparecer meu medo. Descobri o rosto e olhei para cima. O estranho (eu mal poderia chamá-lo de homem) me observou com um olho que parecia ler as profundezas do meu coração. Ele, então, colocou a mão esquerda sobre minha testa e com o cajado na mão direita gentilmente tocou meu ombro. O efeito desse contato duplo foi mágico. No lugar do meu terror anterior, isso passou para mim uma sensação de contentamento, de alegria, de confiarça em mim mesmo e no ser diante de mim. Levantei e falei em minha própria língua. Ele me ouviu com aparente atenção mas com uma leve surpresa no olhar; e balançou a cabeça como que querendo dizer que eu não era compreendido. Então ele me peçou pela mão e me conduziu em silêncio ao prédio. A entrada era aberta – certamente não havia porta na mesma. Entramos em um imenso saguão, iluminado pelo mesmo tipo de luz de fora, mas espalhando um agradável odor. O chão era em grandes blocos em mosaico de metais preciosos e parcialmente coberto com algum tipo de carpete. Um acorde baixo de música, sobre e em volta de nós, ondulava como se vindo de instrumentos invisíveis parecendo pertencer naturalmente ao lugar, como o som murmurante de água pertence a paisagens rochosas ou o canto de aves em árvores primaveris.

Uma figura, em roupas mais simples que as do meu guia, mas de estilo similar, estava parada próximo à entrada. Meu guia o tocou duas vezes com seu cajado e ele se pôs em rápido e deslizante movimento, flutuando silenciosamente sobre o chão. Olhando com surpresa percebi, então, que não era uma forma de vida, mas sim um autômato mecânico. Uns dois minutos depois que ele desapareceu através de uma abertura sem porta, meio escondida por cortinas na outra ponta do saguão, entrou pela mesma abertura um garoto de uns doze anos de idade, com características que muito lembravam as de meu guia, de tal forma que pareciam para mim evidentemente filho e pai. Ao me ver, a criança emitiu um grito e levantou um cajado como aquele do meu guia numa atitude de ameaça. Com uma palavra do mais velho ele o largou. Os dois, então, conversaram por alguns instantes, me examinando enquanto falavam. A criança tocou minhas roupas e suavemente tocou meu rosto com evidente curiosidade, emitindo um som como um riso, mas num tom mais baixo que nossas risadas. Nesse momento o teto do saguão se abriu e uma plataforma desceu, aparentemente construída com os mesmos princípios dos elevadores usados em hotéis e armazéns para subir de um andar para outro. O estranho colocou a si e à criança sobre a plataforma e gesticulou para eu para fazer o mesmo, ao que obedeci. Subimos rapidamente e em segurança e descemos no meio de um corredor com portas em ambos os lados.

Através de uma dessas portas eu fui conduzido para uma câmara equipada com um esplendor oriental; as paredes eram um mosaico com mastros, metais e jóias brutas; almofadas e divãs abundavam; pequenas aberturas como janelas, mas sem vidros, eram abertas até o chão; e conforme passei por elas, observei que essas aberturas conduziam a espaçosas varandas de onde podia se observar a paisagem iluminada. Em gaiolas suspensas do teto havia pássaros de formatos e brilhantes plumagens, estranhos para mim, que à nossa entrada começaram um coro de uma canção modulada em um tom como o de nossas aves canoras. Uma fragrância deliciosa, de incensários esculpidos elaboradamente em ouro, enchia o ar. Muitos autômatos, como o que eu havia visto, lá estavam mudos e sem movimento junto às paredes. O estranho me colocou a seu lado em um divã e, de novo, falou comigo e eu, de novo, falei com ele mas sem o

Edward George Bulwer-Lytton

menor avanço no sentido de um entender o outro.

Mas agora eu começava a sentir os efeitos do golpe que recebera das lascas da rocha que caíram, mais fortemente que antes. Sobreveio-me uma sensação de desmaio acompanhada de dores agudas e lancinantes na cabeça e pescoço. Afundei-me no assento e tentei em vão evitar um grito de dor. Nisso, a criança, que até então tinha parecido me olhar com desconfiança e desagrado, ajoelhou-se a meu lado para me apoiar; pegando uma de minhas mãos com as suas, aproximou seus lábios de minha testa, respirando sobre ela suavemente. Em alguns instantes minha dor cessou e uma calma relaxante e despreocupada deslizou sobre mim; dormi.

Por quanto tempo permaneci nesse estado não sei, mas quando acordei senti-me perfeitamente restaurado. Meus olhos se abriram para um grupo de formas silenciosas, sentadas ao meu redor na gravidade e quietude dos orientais – todos mais ou menos como o primeiro estranho; as mesmas asas que os cobriam, o mesmo estilo de roupa, as mesmas faces como de esfinge, com os profundos olhos escuros e pele avermelhada; sobretudo, o mesmo tipo de raça – raça similar a do homem, mas infinitamente mais forte na forma e esplendorosa em aspecto e inspirando o mesmo enorme sentimento de medo. Ainda assim, cada expressão era pacífica e tranquila e até mesmo gentil. E estranhamente, parecia para mim que nessa calma e bondade consistia o segredo do medo que as expressões me inspiravam. Elas pareciam tão vazias de linhas e sombras de preocupação e tristeza, paixão e pecado que há nas faces dos homens como são as faces dos deuses esculpidos, ou como, na visão dos cristãos que choram seus mortos, parecem as testas calmas dos mortos.

Senti uma mão quente sobre meu ombro; era da criança. Em seus olhos havia um tipo de piedade e ternura nobres, como quando olhamos para um passarinho ou borboleta em sofrimento. Evitei aquele toque; evitei aquele olhar. Eu estava vagamente impressionado com uma crença de que, se ele quisesse, poderia ter me matado tão facilmente quanto um homem pode matar um passarinho ou uma borboleta. A criança pareceu sofrer com minha repugnância, se afastou e se colocou ao lado de uma das janelas. Os outros continuaram a conversar entre eles em tom baixo e, pelos seus olhares em minha direção, pude perceber que eu era o objeto da conversa. Um em especial parecia estar propondo algo que me afetaria ao ser que eu havia encontrado primeiro e este, por seus gestos, parecia estar prestes a concordar, quando de repente a criança saiu de seu lugar ao lado da janela, colocou-se entre eu e os outros seres, como a me proteger, e falou rápida e avidamente. Por alguma intuição ou instinto eu senti que a criança que eu havia temido tanto antes estava advogando em meu favor. Antes que ele terminasse outro estranho entrou no aposento. Ele parecia mais velho que os outros, embora não fosse velho; sua expressão menos serena que a dos outros, embora igualmente regular em suas características, parecia para mim mais do toque de um humano similar à minha própria. Ele ouviu quieto as palavras dirigidas a mim, primeiro por meu guia, depois pelos dois outros do grupo e, por fim, pela criança; ele se virou para mim e se dirigiu a mim, não por palavras, mas por sinais e gestos. Percebi que eu entendia perfeitamente, e não estava enganado. Compreendi que ele perguntou de onde eu vinha. Estendi meu braço e apontei em direção à avenida que me conduzira do abismo na rocha; então me veio uma ideia. Peguei meu caderno de bolso e rascunhei sobre uma de suas folhas em branco um desenho grosseiro da saliência da rocha, a corda e eu preso a ela; depois a caverna abaixo, a cabeça do réptil e a forma sem vida de meu amigo. Dei ao meu inquiridor esse tipo primitivo de hieróglifo que, após inspecioná-lo seriamente, entregou ao que estava ao seu lado e assim foi passado a todo o grupo. O ser que eu havia encontrado primeiro então disse algumas palavras e a criança, que se aproximou e olhou para meu desenho, balançou a cabeça como se compreendesse seu sentido e, voltando para a janela, abriu as asas presas a seu corpo, balançou-as uma ou duas vezes e então se lançou ao espaço. Dirigi-me com espanto rapidamente para a janela. A criança já estava no ar, flutuando sobre suas asas, as quais ele não movia para frente e para trás como fazem os pássaros, mas que estavam levantadas sobre sua cabeça e pareciam segurá-lo firmemente alto no ar sem esforço de sua parte. Seu vôo parecia tão rápido como de qualquer águia; e eu observei que era em direção à rocha de onde eu havia descido, da qual o contorno crescia visível no brilhante ambiente. Em poucos minutos ele retornou, flutuando através da abertura da qual havia saído e jogando sobre o chão a corda e os ganchos que eu havia deixado na descida do abismo. Algumas palavras em baixo tom passaram entre os seres presentes; um do grupo tocou em um autômato, o qual moveu-se para frente e flutuou para fora do aposento;

Edward George Bulwer-Lytton

então o último que havia chegado, que tinha se dirigido a mim por gestos, levantou-se, me pegou pela mão e me guiou para o corredor. Lá a plataforma pela qual eu havia subido esperava por nós; nos colocamos sobre ela e fomos baixados para o saguão abaixo. Minha nova companhia, ainda me segurando pela mão, me conduziu do prédio para uma rua (por assim dizer) que se alongava, com prédios em ambos os lados, separados uns dos outros por jardins brilhantes com vegetação ricamente colorida e estranhas flores.

Entre esses jardins, os quais eram divididos uns dos outros por muros baixos, ou andando lentamente ao longo da avenida, havia muitos seres semelhantes àqueles que eu já havia visto. Alguns dos transeuntes, ao me observar, se aproximavam de meu guia e evidentemente, pelo tom, olhares e gestos, se dirigiam a ele perguntando sobre mim. Em pouco tempo uma multidão se reuniu à nossa volta, me examinando com grande interesse, como se eu fosse algum animal selvagem raro. Ainda assim, mesmo satisfazendo sua curiosidade, eles mantinham um olhar grave e respeitoso; e depois de algumas poucas palavras de meu guia, que me parecia desaprovar a obstrução da avenida, eles se afastaram com uma inclinação respeitosa da cabeça e voltaram a seus destincs com uma tranquila indiferença. No meio dessa avenida nós paramos em um prédio que diferia daqueles que tínhamos passado até então, na medida que formava três lados de um grande edifício cujos ângulos eram altas torres piramidais; no espaço aberto entre os lados havia uma fonte circular de colossais dimensões, jorrando um cegante jato do que me parecia fogo. Entramos no prédio através de uma porta aberta, fomos para um enorme saguão no qual havia muitos grupos de crianças, todas aparentemente empregadas a um trabalho como em uma grande fábrica. Havia um enorme motor na parede que estava em total operação, com rodas e cilindros, que lembrava nossos motores a vapor, exceto que era ricamente ornamentado com pedras preciosas e metais, e parecia emitir uma pálida luz móvel fosforescente. Muitas das crianças estavam em algum trabalho misterioso nesse maquinário e outros estavam sentados frente a mesas. Não me foi permitido ficar tempo bastante para examinar a natureza de seus trabalhos. Nenhuma voz jovem foi ouvida, nenhum rosto jovem virou-se para nós para nos observar. Estavam todos parados e indiferentes como fantasmas, através dos quais passam despercebidos os vivos.

Deixando o saguão, meu guia me levou através de uma galeria ricamente pintada em compartimentos, com uma bárbara mistura de cores douradas, como quadros de Louis Cranach. Os sujeitos vistos nessas paredes pareciam ao meu olhar ter o objetivo de ilustrar eventos na história da raça na qual fui admitido. Em todos havia figuras, muitas delas como criaturas humanas que eu tinha visto, mas não todas com o mesmo tipo de roupa estranha, nem todas com asas. Havia também efígies de vários animais e pássaros completamente estranhos para mim, com o fundo mostrando paisagens ou prédios. Até onde meu imperfeito conhecimento da arte da pintura me permitia formar uma opinião, essas pinturas pareciam muito precisas nos traços e muito ricas em cores, mostrando um perfeito conhecimento de perspectiva, mas com seus detalhes não colocados de acordo com as regras de composição reconhecidas por nossos artistas, querendo, como de fato era, um centro; de tal forma que o efeito era vago, disperso, confuso, difícil de entender – eram como fragmentos heterogêneos de um sonho artístico.

Entramos em um aposento de tamanho moderado, no qual estava reunida o que eu depois soube ser a família de meu guia, sentados a uma mesa posta como que para a refeição. Os seres agrupados eram a esposa, filha e dois filhos de meu guia. Reconheci imediatamente a diferença entre os dois sexos, embora as mulheres fossem de uma estatura mais alta e proporções mais amplas que os homens; e suas expressões, se ainda mais simétricas em contornos, eram sem a suavidade e timidez de expressão que davam charme às faces da mulher como na superfície da terra. A esposa não usava asas e a filha usava asas mais longas que as dos homens. Meu guia proferiu algumas poucas palavras, às quais todas as pessoas sentadas se levantaram e, com aquela calma peculiar no olhar e modos que eu havia notado antes, que é, na verdade, atributo comum a essa formidável raça, me saudaram de acordo com seus costumes, o qual consistia em deitar a mão direita muito gentilmente sobre a cabeça emitindo um suave e sibilante monossílabo – S Si – equivalente a "seja bem vindo".

A senhora da casa então me sentou a seu lado e me serviu um prato.

Enquanto eu comia (e embora as comidas fossem novas para mim, me maravilhei mais pela delicadeza que pela estranheza de seus sabores), minhas companhias conversavam calmamente

Edward George Bulwer-Lytton

e, até onde pude detectar, educadamente evitando qualquer referência direta a mim ou qualquer exame desagradável de minha aparência. Ainda assim eu era a primeira criatura daquela variedade da raça humana a que eu pertencia que eles já haviam contemplado e era, consequentemente, considerado por eles como um fenômeno muito curioso e anormal. Mas toda rudeza é desconhecida por esse povo e a mais jovem criança é ensinada a não gostar de nenhuma demonstração emocional veemente. Quando a refeição terminou, meu guia me tomou pela mão de novo e, entrando novamente na galeria, tocou um prato metálico inscrito com estranhas figuras, as quais eu corretamente imaginei ser da mesma natureza de nossos telégrafos. Uma plataforma desceu, mas desta vez subimos a uma altura muito maior que no prédio anterior, e fomos para um aposento de dimensões moderadas e que no seu aspecto geral tinha muito que poderia ser familiar a um visitante do mundo da superfície. Havia prateleiras na parede contendo o que pareciam livros, e certamente eram; muito pequenos, com a forma de nossos volumes e amarrados em finas folhas de metal. Havia curiosas peças de mecanismos espalhadas, aparentemente modelos, tais como pode ser visto no estudo de qualquer mecânico profissional. Quatro autômatos (aparatos mecânicos os quais, nesse povo, atendiam aos propósitos ordinários do serviço doméstico) se mantinham parados como fantasmas em cada ângulo da parede. Em uma reentrância havia um sofá baixo, ou cama com travesseiros. Uma janela, com cortinas de algum material fibroso, estava ao lado, aberta sobre uma grande sacada. Meu anfitrião caminhou para a sacada; eu o segui. Estávamos no mais alto andar de uma das pirâmides angulares; a vista era de uma beleza selvagem e solene impossível de descrever – a vasta cadeia de altas rochas que formava a paisagem distante, os vales próximos de vegetação muito colorida e mística, o fluxo de águas, muitas delas como rastros de chamas rosadas, a serena luz difusa sobre tudo pelas miríades de luminárias, combinados para formar um todo de que nenhuma palavra minha pode dar uma descrição adequada; era tão esplêndido, mesmo assim tão sombrio; tão encantador, mesmo assim tão terrível.

Mas minha atenção foi logo desviada dessas baixas paisagens. Repentinamente se elevava, como se vinda das ruas abaixo, uma explosão de alegre música; então um ser alado elevou-se no espaço; um outro, como à caça do primeiro, um outro e outro; outros e mais outros, até que a multidão cresceu em um número incontável. Mas como descrever a fantástica graça desses seres em seus movimentos ondulantes? Pareciam estar em algum tipo de esporte ou diversão; agora se agrupando em times em lados opostos; agora se espalhando; agora cada grupo se alinhando com outro, subindo, descendo, entrelaçando-se, dividindo-se; tudo no tempo medido pela música abaixo, como numa dança do legendário Peri.

Voltei meu olhar para meu anfitrião em um espanto febril. Aventurei-me a colocar a mão nas grandes asas que se dobravam sobre seu peito, e, assim fazendo, um leve choque como de eletricidade passou através de mim. Recolhi-me com medo; meu anfitrião sorriu e, para cortesmente satisfazer minha curiosidade, lentamente estendeu suas asas. Observei que suas roupas de baixo então se dilataram como uma bexiga que se enche com ar. Os braços pareciam deslizar para dentro das asas, e num momento ele se lançou para o luminoso ambiente e pairou ali, parado, com as asas abertas, como uma águia que se aquece ao sol. Então, rapidamente como uma águia se precipita, se apressou para baixo para o meio de um dos grupos, flutuando entre eles e, rapidamente, de novo subiu. Três seres, num dos quais eu pensei reconhecer a filha do meu anfitrião, separaram-se do resto e o seguiram como um pássaro esportivamente segue outro. Meus olhos, ofuscado com as luzes e atordoado pela multidão, pararam de distinguir os giros e evoluções desses jogadores alados, até que então meu anfitrião reemergiu da multidão e pousou ao meu lado.

A estranheza de tudo que eu tinha visto começava agora a operar rapidamente em meus sentidos; minha mente começou a divagar. Embora eu não fosse inclinado a superstições, nem, até então, a acreditar que o homem pudesse ter comunicação corporal com demônios, senti o terror e a selvagem excitação com a qual, nos tempos góticos, um viajante pudesse ter convencido a si mesmo que havia testemunhado um sabá de demônios e bruxas. Tenho uma vaga lembrança de ter tentado com veemente gesticulação, formas de exorcismo e brados incoerentes afastar meu cortês e indulgente anfitrião; de seu tranquilo esforço em me acalmar e tranquilizar; de sua inteligente conjetura que meu medo e atordoamento eram ocasionados pela diferença de forma e movimento entre nós, que as asas, que haviam aguçado minha maravilhada curiosidade tinham, quando em exercício,

Edward George Bulwer-Lytton

feito mais fortemente perceptível; do gentil sorriso com o qual ele havia procurado dissipar meu alarme colocando as asas no chão e esforçando-se em mostrar a mim que não eram nada mais que aparatos mecânicos. Aquela repentina transformação apenas aumentou meu horror e, como o extremo medo frequentemente se mostra ccm extrema ousadia, pulei em sua garganta como uma besta selvagem. Em um instante fui jogado ao solo como que por um choque elétrico, e as últimas imagens confusas flutuando diante de minha visão antes que eu ficasse totalmente insensível, foram a forma de meu anfitrião se ajoelhando ao meu lado com uma mão sobre minha testa e a bela face calma de sua filha com grandes, profundos e inescrutáveis olhos atentamente fixados sobre mim.

Capítulo 6

Permaneci nesse estado inconsciente, como fiquei sabendo mais tarde, por muitos dias, até por semanas, de acordo com nossa contagem de tempo. Quando me recuperei estava em um quarto estranho, meu anfitrião e toda sua família reunidos em torno de mim e, para meu total espanto, a filha do meu anfitrião me abordou em minha própria língua com um leve sotaque estrangeiro.

– Como você se sente? – ela perguntou.

Levou alguns momentos antes que eu pudesse superar minha surpresa e balbuciar:

– Você conhece minha língua? Como? Quem e o que são vocês?

Meu anfitrião sorriu e gesticulou para um de seus filhos, que então pegou de uma mesa uma quantidade de finas folhas metálicas nas quais estavam traçados desenhos de várias figuras – uma casa, uma árvore, um pássaro, um homem, etc.

Nestas figuras pude reconhecer meu próprio estilo de desenho. Sob cada figura estava escrito o nome dela em minha língua, e com minha letra; e, em baixo, em uma outra caligrafia uma palavra estranha para mim.

Disse o anfitrião:

– Assim nós começamos; e minha filha Zee, que pertence

ao Colégio dos Sábios, tem sido sua instrutora e nossa também.

Zee, então, colocou diante de mim outras folhas metálicas nas quais, com minha letra, primeiro palavras, então sentenças estavam escritas. Sob cada palavra e cada sentença estranhos caracteres com outra caligrafia. Recuperando os sentidos, compreendi que desta maneira um dicionário rudimentar havia sido feito. Teria sido feito enquanto eu estava sonhando?

– É o bastante agora – disse Zee, em tom de comando. – Repouse e se alimente.

Capítulo 7

Um quarto foi cedido para mim no vasto edifício. Ele era linda e fantasticamente arranjado, mas sem o esplendor dos trabalhos em metal ou pedras preciosas que era exibido nos recintos mais públicos. As paredes eram cobertas com uma variedade de tapeçaria feita de talos e fibras de plantas e o chão acarpetado da mesma forma.

A cama era sem cortinas, seus suportes de ferro apoiados em bolas de cristal; o revestimento de uma fina substância branca lembrando algodão. Havia várias prateleiras contendo livros. Uma reentrância com cortinas comunicava-se com um viveiro cheio de aves canoras, das quais não reconheci uma sequer que lembrasse aquela que eu havia visto na terra, exceto uma bonita espécie de pombo, embora este fosse distinto de nossos pombos por uma crista alta de plumas azuladas. Todos esses pássaros haviam sido treinados para cantar em uma artística harmonia, e largamente excediam a habilidade de nossas aves, as quais raramente podem alcançar mais que dois acordes, e não podem, acredito eu, cantar em conjunto. Alguém poderia supor estar em uma ópera ao ouvir as vozes em meu viveiro. Havia duetos e trios, quartetos e coros, todos arranjados como uma única música. Queria eu silenciar os pássaros? Tinha que puxar uma cortina sobre o viveiro, e sua canção desaparecia quando eles se acharam na escuridão. Uma outra abertura formava uma janela, sem vidros, mas ao tocar uma mola uma veneziana subiu do chão, feita de alguma substância menos transparente que vidro, mas ainda suficientemente cristalina para permitir uma suave vista da paisagem. A essa janela estava anexada uma varanda, ou melhor, um jardim suspenso, onde cresciam muitas plantas graciosas e flores brilhantes. O apartamento e seus anexos tinham, assim, uma característica, se estranha nos detalhes, ainda familiar, como um todo, às modernas noções de luxo, e teria exercido admiração se fosse encontrado nos apartamentos de uma duquesa inglesa ou autor francês da moda. Antes da minha chegada este era o aposento de Zee; ela havia hospitaleiramente cedido o mesmo para mim.

Algumas horas depois do despertar, que é descrito em meu último capítulo, eu estava deitado sozinho em meu sofá tentando fixar meus pensamentos em conjecturas sobre a natureza e gênero das pessoas entre as quais fui jogado quando meu anfitrião e sua filha Zee entraram no quarto. Meu anfitrião, ainda falando em minha língua nativa, perguntou, com muita educação, se me agradaria conversar ou se eu preferiria isolamento. Respondi que me sentiria muito honrado e grato pela oportunidade de expressar minha gratidão pela hospitalidade e educação que eu recebera em um país no qual eu era um estranho e aprender o bastante de seus costumes e maneiras para não ofender por ignorância.

Conforme eu falava, me levantei de meu sofá; mas Zee, para meu espanto, ordenou abruptamente que eu deitasse de novo, e havia alguma coisa em sua voz e olhar, gentis como eram, que me compeliu a obedecer. Ela então se sentou sem preocupação ao pé da minha cama enquanto seu pai tomou seu lugar em um divã a alguns metros.

– Mas de que parte do mundo você vem – perguntou meu anfitrião –, para que pareçamos tão estranhos para você e você para nós? Eu já vi espécies individuais de quase todas as raças diferentes de nossa própria, exceto selvagens primitivos que moram nas mais desoladas e remotas entranhas da natureza não cultivada, sem conhecimento de outra luz senão aquela obtida de fogos vulcânicos, que se contentam em tatear seu caminho na escuridão, como fazem muitas criaturas sorrateiras, rastejantes e até voadoras. Mas certamente você não pode ser um membro daquelas tribos bárbaras nem, por outro lado, parece pertencer a nenhum povo civilizado.

Eu fiquei um tanto ou quanto exasperado por essa última observação e respondi que eu tinha a honra de pertencer a uma das mais civilizadas nações da Terra; e isso, no que se refere à luz, enquanto eu admirava a engenhosidade desconsiderando os custos com os quais meu anfitrião e seus concidadãos haviam planejado iluminar as regiões impenetráveis pelos raios do Sol; ainda não podia conceber como alguém que alguma vez tivesse vislumbrado os orbes do céu poderia comparar aos seus brilhos às luzes artificiais inventadas pelas necessidades do homem. Mas meu anfitrião disse que ele vira espécies de muitas das raças diferentes de sua própria, salvo os desventurados bárbaros que ele havia mencionado. Agora, era possível que ele nunca houvesse estado na superfície da terra, ou poderia estar ele se referindo apenas a comunidades enterradas em suas entranhas?

Meu anfitrião ficou em silêncio por alguns momentos; seu semblante mostrou um grau de surpresa que o povo daquela raça muito raramente manifesta sob quaisquer circunstâncias, ainda assim extraordinário. Mas Zee era mais inteligente e exclamou:

— Veja, meu pai, que há verdade na velha tradição; há sempre verdade em toda tradição comumente aceita em todos os tempos e por todas as tribos.

— Zee — disse meu anfitrião suavemente —, você pertence ao Colégio dos Sábios e tem que ser mais esperta que eu; mas, como chefe do Conselho de preservação da luz, é meu dever não dar nada por certo até que seja provado com evidências para meus próprios sentidos.

Então, voltando-se para mim, me fez várias perguntas sobre a superfície da terra e dos corpos celestes; embora eu respondesse a ele com o melhor de meus conhecimentos, minhas respostas pareciam não satisfazê-lo nem convencê-lo. Ele balançou a cabeça em silêncio e, mudando de assunto muito abruptamente, me perguntou como eu havia descido do que ele prazerosamente chamava de um mundo para o outro. Respondi que sob a superfície da terra havia minas contendo minerais ou metais, essenciais às nossas necessidades e ao nosso progresso em todas as artes e indústrias; e expliquei rapidamente a maneira pela qual, enquanto explorava uma dessas minas, eu e meu malfadado amigo tínhamos tido uma visão das regiões nas quais descemos, e como a descida havia custado a ele a vida; apelei à corda e ganchos que a criança havia trazido para a casa onde eu tinha sido recebido antes, como uma testemunha da veracidade de minha história.

Meu anfitrião então continuou a perguntar quanto aos hábitos e modos de vida entre as raças da superfície da terra, especialmente aquelas consideradas as mais avançadas em civilização, a qual lhe agradava definir como "a arte de difundir por uma comunidade a felicidade tranquila que pertence a uma virtuosa e bem ordenada casa". Naturalmente querendo representar o mundo de onde eu vinha nas mais favoráveis cores, toquei de leve, embora indulgentemente, nas antiquadas e decadentes instituições da Europa, para detalhar a presente grandeza e provável superioridade da gloriosa república americana, em que a Europa invejosamente procura seu modelo e temerosa prevê seu destino. Selecionando para exemplo da vida social nos Estados Unidos a cidade na qual o progresso avança na mais rápida taxa, me permiti uma animada descrição dos hábitos morais de Nova York. Mortificado ao ver, pelos rostos de meus ouvintes, que eu não havia dado a impressão favorável que eu imaginara, elevei o tema; me alongando sobre a excelência das instituições democráticas, sua promoção da felicidade tranquila pelo governo de partido e o modo pelo qual eles difundem tal felicidade pela comunidade preferindo, pelo exercício de poder e aquisição de honras, os cidadãos mais humildes em termos de propriedade, educação e caráter. Felizmente lembrando o resumo de um discurso sobre as influências purificadoras da democracia americana e seu destino de se espalhar pelo mundo, proferido por um certo eloquente senador (para cujo voto no senado uma companhia férrea, na qual meus dois irmãos trabalhavam, tinha pagado vinte mil dólares), finalizei repetindo suas inflamadas previsões do magnífico futuro que sorria sobre a humanidade – quando a bandeira da liberdade flutuaria sobre um continente inteiro, e duzentos milhões de cidadãos inteligentes, acostumados desde a infância ao uso diário de revólveres, deveria fornecer a um universo que se diminuía a doutrina do patriota Monroe.

Quando eu concluí, meu anfitrião gentilmente balançou a cabeça e caiu em reflexões, fazendo um sinal para mim e sua filha para que permanecêssemos em silêncio enquanto ele refletia. E depois de algum tempo ele disse em um tom sério e solene:

– Se você acha, como diz, que você, embora um estranho,

tenha recebido gentileza de minhas mãos, eu lhe peço não revelar nada a nenhum outro de nosso povo referente ao mundo de onde veio, a menos que eu dê permissão para tal. Concorda com esse pedido?

– Certamente, dou minha palavra – disse eu, um pouco pasmo; e estendi minha mão direita e apertei a sua. Mas ele colocou gentilmente minha mão sobre sua testa e sua mão direita sobre meu peito, que é o costume entre essa raça em todos os casos de promessas e obrigações verbais. Então virando-se para sua filha, disse:

– E você, Zee, não repetirá a ninguém sobre o que o estranho disse, ou venha a dizer, para mim ou para você, sobre um outro mundo que não o nosso.

Zee levantou-se e beijou seu pai no rosto, dizendo com um sorriso:

– A língua de uma Gy é irresponsável, mas o amor pode refreá-la rapidamente. E se, meu pai, você teme que uma palavra casual vinda de mim ou de você poderia expor nossa comunidade ao perigo, pelo desejo de explorar um mundo além do nosso, não poderia uma onda do vril, devidamente emitida, tirar da memória até o que nós ouvimos do estrangeiro?

– O que é vril? – perguntei.

Logo após Zee começou a apresentar uma explicação que eu entendi muito pouco, pois não há nenhuma palavra em nenhum idioma que seja um exato sinônimo para vril. Eu poderia chamar de eletricidade, exceto que abrange em suas complexas variações outras forças da natureza, para as quais, em nossa nomenclatura científica, diferente nomes são utilizados, como magnetismo, galvanismo, etc. Estas pessoas consideram que no vril eles chegaram à unidade nas funções energéticas naturais, que têm sido conjeturadas por muitos filósofos sobre a terra, e que Faraday assim insinua sob os mais cautelosos termos de correlação:

– Há muito tempo tenho uma opinião – diz o ilustre experimentalista – quase elevada a uma convicção em comum, creio, com muitos outros amantes do conhecimento natural, que as várias formas sob as quais as forças da matéria são manifestas têm uma origem comum; ou, em outras palavras, são tão diretamente relacionadas e mutuamente dependentes, que elas são conversíveis de uma para outra, e possuem equivalências de poder em sua ação.

Edward George Bulwer-Lytton

Esses filósofos subterrâneos afirmam que por uma operação do vril, que Faraday chamaria talvez de "magnetismo atmosférico", eles podem influenciar as variações de temperatura – em palavras simples, o tempo; que por outras operações, semelhantes àquelas atribuídas ao mesmerismo, eletrobiologia, etc, mas aplicadas cientificamente através de condutores de vril, eles podem exercer influência sobre as mentes e corpos animais e vegetais, em uma extensão não ultrapassada nos romances de nossos místicos. A todas essas funções eles dão o nome comum de vril. Zee me perguntou se em meu mundo não era sabido que todas as faculdades da mente poderiam ser agilizadas a um grau desconhecido no estado de vigília, por transe ou visão, no qual os pensamentos de um cérebro poderiam ser transmitidos para outro e, assim, o conhecimento ser rapidamente intercambiado. Respondi que havia entre nós histórias contadas de tais transes e visões, e que eu ouvira muito e visto alguma coisa do modo que eles eram artificialmente feitos, como a clarividência hipnótica; mas que essas práticas tinham caído muito em desuso ou desrespeito, em parte por causa das grosseiras imposturas pelas quais tinham sido feitas e, em parte, porque, até onde efeitos em certas formações anormais foram genuinamente produzidos, os efeitos, quando devidamente examinados e analisados, eram muito insatisfatórios – não sendo confiáveis para nenhuma veracidade sistemática ou para nenhum propósito prático, e renderam coisas nocivas a pessoas crédulas pelas superstições que tendem a produzir. Zee recebeu minhas respostas com uma atenção muito educada e disse que exemplos similares de abuso e credulidade haviam sido familiares a suas próprias experiências científicas na infância do conhecimento deles e enquanto as propriedades do vril eram mal entendidas, mas que ela reservava mais discussão sobre esse assunto até quando eu estivesse mais preparado para entrar nele. Contentou-se em acrescentar que foi através das funções do vril, enquanto eu tinha sido colocado em estado de transe, que eu havia me inteirado dos rudimentos de seu idioma; e que apenas ela e seu pai na família, que deram-se ao trabalho de assistir à experiência, tinham adquirido um conhecimento proporcionalmente maior de meu idioma que eu o deles; em parte porque minha língua era muito mais simples que a deles, constituindo-se muito menos de ideias complexas; e parte porque sua organização era, por cultura hereditária, muito mais flexível e mais facilmente capaz de adquirir conhecimento que a minha. Nisso eu me senti secretamente contrariado; e tendo, no curso de uma vida prática, incrementado meus conhecimentos, fosse em casa ou viajando, eu não poderia concordar que minha organização cerebral pudesse ser menos evoluída que a daquele povo que havia vivido toda sua vida sob a luz de luminárias. No entanto, enquanto eu assim pensava, Zee silenciosamente apontou o dedo indicador para minha testa e me fez dormir.

Capítulo 8

Quando mais uma vez acordei vi ao lado de minha cama a criança que havia trazido a corda e os ganchos à casa na qual eu havia sido recebido primeiro e que, como fiquei sabendo depois, era a residência do magistrado chefe da tribo. A criança, cujo nome era Taë (pronuncia-se Tar), era o filho mais velho do magistrado. Descobri que durante meu último sono ou transe eu tinha feito avanços ainda maiores na língua do país e podia conversar com relativa facilidade e fluência.

Essa criança era singularmente bonita, mesmo para a bela raça à qual pertencia, com uma expressão muito viril em relação à sua idade e com um semblante mais vívido e com mais energia do que eu tinha visto até então nas faces serenas e destituídas de paixão dos homens. Ele me trouxe o papel no qual eu havia desenhado o modo de minha descida e também rascunhado a cabeça do horrível réptil que tinha me afugentado do corpo de meu amigo. Apontando para aquela parte do desenho. Taë me fez algumas perguntas em relação ao tamanho e forma do monstro e da caverna ou abismo do qual ele tinha emergido. Seu interesse em minhas respostas parecia tão sério que pareceu desviá-lo por um tempo de qualquer curiosidade em relação a mim ou a meus antecedentes. Mas para meu grande embaraço, visto que eu estava comprometido com meu anfitrião, ele estava começando a me perguntar de onde eu vinha quando Zee felizmente entrou e, ouvindo-o por acaso, disse:

– Taë, dê ao nosso convidado qualquer informação que ele desejar, mas não pergunte nada a ele de volta. Questioná-lo quem ele é, de qual lugar vem ou a razão de estar aqui seria uma violação da lei que meu pai impôs nesta casa.

– Que assim seja – disse Taë, pressionando a mão contra o coração; e daquele momento até o último em que o vi, essa criança, de quem me tornei bem próximo, nunca me fez qualquer pergunta assim proibida.

Capítulo 9

Somente após algum tempo, e por repetidos transes, se assim podemos chamar, minha mente ficou melhor preparada para trocar ideias com meus anfitriões e mais completamente compreender diferenças de modos e costumes, no começo estranhos demais para minha experiência de vida para ser dimensionados pela razão, que me permitiu reunir os seguintes detalhes no que diz respeito à origem e história dessa população subterrânea, como parte de uma grande raça chamada Ana.

De acordo com as mais antigas tradições, os remotos progenitores da raça habitaram um mundo sobre a superfície daquele no qual seus descendentes moravam. Mitos daquele mundo estavam ainda preservados em seus arquivos, e naqueles mitos havia lendas de uma cúpula abobadada no qual as luminárias não eram acesas por nenhuma mão humana. Mas tais lendas foram consideradas por muitos comentaristas como fábulas alegóricas. De acordo com estas tradições a própria Terra, na época a que as tradições nos levam, não estava realmente em sua infância, mas no meio de uma desagradável transição de uma forma de desenvolvimento para outra, e sujeita a muitas violentas revoluções da natureza. Em uma de tais revoluções, aquela parte do mundo da superfície habitado pelos ancestrais desta raça havia sido submetida a inundações, não rápidas, mas graduais e incontroláveis, nas quais tudo, salvo escassos resquícios, submergiu e desapareceu. Seja isso um registro de nosso histórico e sagrado Dilúvio, ou de algum anterior afirmado por geólogos, não pretendo conjecturar, embora, de acordo com a cronologia desse povo comparada com a de Newton, deve ter sido muitos milhares de anos antes do tempo de Noé. Por outro lado, o relato desses escritores não se encaixa com as opiniões mais aceitas entre as autoridades em geologia, pois coloca a existência da raça humana sobre a Terra em datas muito anteriores àquela fixada para a época terrestre da aparição dos mamíferos. Uma parte da malfadada raça, assim perseguida pela Inundação, refugiou-se, durante a marcha das águas, em cavernas em meio às mais altas montanhas e, caminhando sem destino através dessas cavidades, perderam de vista o mundo da superfície para sempre. Realmente, toda a face da Terra havia sido mudada por esse grande terror; terra se tornara mar, mar em terra. Mesmo agora, nas entranhas da terra interior, fui informado como sendo fato – poderiam ser encontrados os restos de habitações humanas – habitações não em cabanas e cavernas, mas em grandes cidades cujas ruínas atestam a civilização de raças que floresceram antes da época de Noé, e que não devem ser classificadas como aqueles gêneros aos quais a filosofia atribui o uso de pedra e o não conhecimento do ferro.

Os fugitivos haviam levado com eles o conhecimento das artes que tinham praticado no solo – artes de cultura e civilização. Seu mais antigo desejo deve ter sido que o suprimento de luz debaixo da terra fosse o mesmo que eles tinham em cima da mesma; e em tempo algum, mesmo no período tradicional, as raças, incluindo a tribo à qual pertence a pessoa com quem eu me encontrava, parecem ter desconhecido a arte de extrair luz de gases, manganês ou petróleo. Eles haviam se acostumado em seu estado anterior a lutar contra as forças brutas da natureza; e realmente a prolongada batalha que travaram com seu conquistador, o Oceano, o que levou séculos, havia apurado suas habilidades em frear as águas em diques e canais. A essa habilidade eles devem sua preservação no novo lar.

– Por muitas gerações – disse meu anfitrião com um pouco de desprezo e horror – esses primitivos ancestrais são considerados como tendo degenerado e encurtaram suas vidas comendo carne de animais, muitas variedades as quais tinham, como eles, escapado do Dilúvio, e procurado abrigo nas cavidades da terra;

outros animais, presumivelmente desconhecidos pelo mundo da superfície, as próprias cavidades produziram.

Quando o que deveríamos denominar de era histórica emergiu do crepúsculo da tradição, os Anas já estavam estabelecidos em diferentes comunidades e tinham alcançado um grau de civilização muito parecido com aquela de que as mais avançadas nações sobre a terra agora desfrutam. Estavam familiarizados com muitas de nossas invenções mecânicas, incluindo a aplicação de vapor e gás. As comunidades estavam em feroz competição entre si. Tinham seus ricos e seus pobres; tinham oradores e conquistadores; fizeram guerra tanto para dominação como por ideias. Embora os vários estados tivessem reconhecido várias formas de governo, instituições livres estavam começando a predominar; assembléias populares cresceram em poder; repúblicas logo se tornaram comuns; a democracia que os mais cultos políticos europeus buscam como o objetivo extremo de avanço político, e que ainda prevalecia entre outras raças subterrâneas, as quais eles desprezaram como bárbaros, a mais alta família dos Anas, à qual pertencia a tribo que eu estava visitando, viam isso em seu passado como experiências cruéis e ignorantes que pertenciam à infância da ciência política. Era a época da inveja e ódio, de paixões ferozes, de constantes mudanças sociais mais ou menos violentas, o conflito de classes, a guerra de um estado com outro. Essa fase da sociedade durou, no entanto, algumas eras, e finalmente terminou, ao menos entre as mais nobres e intelectuais populações, por causa do gradual descobrimento dos poderes latentes guardados num fluído que tudo permeia que eles denominam Vril.

De acordo com o relato que recebi de Zee que, como uma erudita professora do Colégio dos Sábios, havia estudado tais assuntos mais diligentemente que qualquer outro membro de minha família anfitriã, este fluído é capaz de ser cultivado e direcionado para o mais potente resultado sobre todas as formas de matéria, animadas ou inanimadas. Pode destruir como um raio; ainda assim, aplicada de forma diferente, pode dar ou revigorar a vida, curar e preservar e, nisso é o que eles mais contam, para cura de doenças ou para habilitar o organismo físico a restabelecer o equilíbrio de seus poderes naturais e, portanto, curar a si mesmo. Por essas propriedades, rompem caminho através das mais sólidas substâncias e abrem vales para cultura através das rochas de sua vastidão subterrânea. Dele eles extraem a luz que supre suas luminárias, deixando-a mais estável, agradável e mais saudável que outros materiais inflamáveis que haviam usado anteriormente.

Mas os efeitos da alegada descoberta dos meios de direcionar a mais terrível força do vril foram especialmente marcantes na sua influência sobre o estado social. Conforme esses efeitos tornaram-se amplamente conhecidos e habilmente administrados, as guerras entre os descobridores do Vril terminaram, pois eles elevaram a arte da destruição a tal perfeição que anulou toda superioridade em número, disciplina ou habilidade militar. O poder de fogo alojado na parte oca de uma vara de pescar manuseada pela mão de uma criança poderia destruir a mais resistente fortaleza ou redirecionar seu poder de fogo para um inimigo em batalha. Se um exército encontrasse outro, e ambos tivessem tais poderes, seria nada menos que a aniquilação de ambos. A era da guerra terminara, mas com o fim da guerra outros efeitos sobre o estado social logo se tornaram aparentes. O homem estava tão à mercê de outro, sendo cada um que encontrasse capaz, se quisesse, de matá-lo instantaneamente, que todas as noções de governo pela força gradualmente desapareceram dos sistemas políticos e formas de lei. É apenas pela força que grandes comunidades dispersas ao longo de grandes distâncias podem ser mantidas unidas; mas agora já não havia nem a necessidade de autopreservação ou o orgulho do aumento do poder para fazer um estado querer superar outro em termos de população.

Os descobridores do Vril então, no curso de poucas gerações, se dividiram pacificamente em comunidades de tamanho moderado. A tribo na qual eu me encontrava estava limitada a 12.000 famílias. Cada tribo ocupava um território suficiente para todas as suas necessidades, e em períodos de excedente a população partia para procurar um reino próprio. Parecia não haver necessidade de nenhuma seleção arbitrária desses emigrantes; havia sempre um número suficiente que partia voluntariamente.

Esses estados subdivididos, pequenos se considerarmos tanto território quanto população, pertenciam todos a uma grande família geral. Falavam o mesmo idioma, embora os dialetos pudessem diferir levemente. Casavam-se entre si; mantinham as mesmas leis gerais e costumes; e um importante elo de ligação entre essas várias comunidades era o conhecimento do vril e a prática de suas capacidades, tanto que a palavra A-Vril

Edward George Bulwer-Lytton

era sinônimo de civilização; e Vril-ya, significando "As Nações Civilizadas", era o nome comum pela qual as comunidades empregando o uso do vril distinguiam-se das de Ana, visto que ainda estavam em um estado de barbarismo. O governo da tribo Vril-ya de que estou tratando era aparentemente muito complicado, mas na realidade muito simples. Era baseado em um princípio reconhecido em teoria, embora pouco colocado em prática sobre a terra, tal como: que o objetivo de todos os sistemas de pensamento filosófico tende a alcançar a unidade, ou a elevação, através de todos os labirintos existentes, à simplicidade de uma única causa primeira ou princípio. Assim, na política, até escritores republicanos concordaram que uma autocracia benevolente garantiria a melhor administração se houvesse quaisquer garantias para sua continuidade ou contra seu gradual abuso de poder. Esta comunidade singular elegia, portanto, um único magistrado supremo intitulado Tur; ele não mantinha necessariamente seu cargo de forma vitalícia, mas podia eventualmente mantê-lo após o início da velhice. Não havia nessa sociedade, por certo, nada a induzir nenhum de seus membros a cobiçar tais cargos. Nenhuma honra, nenhuma insígnia de alto escalão eram dadas a ele. O magistrado supremo não era distinguido do resto por possuir melhor habitação ou renda. Por outro lado, os deveres dados a ele eram maravilhosamente brandos e fáceis, não requerendo alto grau de energia ou inteligência. Não havendo medo de guerra, não havia exército a ser mantido; não havendo governo de força, não havia polícia para nomear e dirigir. O que chamamos de crime era totalmente desconhecido aos Vril-ya; e não havia cortes de justiça criminal. Os raros casos de disputa civil eram entregues à arbitragem de amigos escolhidos por qualquer das partes, ou decidida pelo Conselho dos Sábios, o qual será descrito mais tarde. Não havia advogados profissionais; e realmente, suas leis não eram nada mais que convenções amigáveis, pois não havia poder para forçar leis contra a parte agressora que tivesse em seu grupo o poder de destruir os juízes. Havia costumes e regulamentações de acordo com as quais, por muitas eras, o povo havia tacitamente se habituado; e se por qualquer motivo alguém sentisse tal acordo difícil de seguir ele deixava a comunidade e ia para algum outro lugar. Havia, de fato se estabelecido silenciosamente nesse estado muito do acordo que é encontrado em nossas famílias, onde virtualmente dizemos a qualquer membro adulto independente que nós recebemos em nossas casas, "Fique ou vá, conforme nossos costumes e regras se adaptam a você ou lhe desagradam". Mas embora não houvesse leis como nós as chamamos, nenhuma raça sobre a superfície é tão atenta às leis. Obediência à regra adotada pela comunidade se tornou como um instinto, como se fosse implantada pela natureza. Até nas casas o chefe faz um regulamento para guiá-los, o qual nunca é contestado desnecessariamente por aqueles que fazem parte da família. Eles têm um provérbio cuja essência ainda muito se perde nesta frase: "Não há felicidade sem ordem, não há ordem sem autoridade, não há autoridade sem unidade". A suavidade de todos os governos entre eles, civil ou doméstico, pode ser sinalizado por suas expressões idiomáticas pois são ilegais ou proibidos termos como: "É obrigatório fazer assim ou assado". Pobreza entre os Anas é um crime desconhecido; não que as propriedades sejam possuídas em comunidade, ou que todos sejam iguais em termos de posses ou do tamanho e luxo de suas habitações; mas não havendo diferença de nível ou posição de riqueza ou escolha de profissão, cada um segue suas próprias inclinações sem criar inveja ou competição; alguns gostam de uma vida modesta, alguns de um tipo de vida mais suntuoso; cada um faz sua felicidade à sua própria maneira. Devido a esta ausência de competição, e à população limitada, é difícil para uma família cair na angústia; não há especulações perigosas, não há invejosos esforçando-se em ter mais riqueza ou posição superior. Sem dúvida, em cada assentamento todos originaria- mente tiveram as mesmas proporções de terra distribuídas a eles; mas alguns, mais aventureiros que outros, estenderam suas posses para mais longe até as fronteiras, ou aumentaram em fertilidade a produção de seus campos, ou foram para a área de comércio. Assim, necessariamente, alguns ficaram mais ricos que outros, mas ninguém, de forma alguma, se tornou pobre ou querendo qualquer coisa que seus gostos desejassem. Se isso acontecesse, sempre tinham o poder de emigrar ou, na pior das hipóteses, sem vergonha e com certeza de ajuda, enriquecer-se; pois todos os membros da comunidade consideravam-se como irmãos de uma família afetuosa e unida. Mas esse assunto será tratado depois, conforme minha narrativa prosseguir.

O principal cuidado do magistrado supremo era comunicar- -se com certos departamentos encarregados de detalhes espe- ciais. O mais importante e essencial de tais detalhes era aquele ligado à provisão de luz. Meu anfitrião, Aph-Lin, era o chefe deste departamento. Um outro departamento, que poderia ser chamado de estrangeiro, comunicava-se com os estados vizinhos, principalmente como o propósito de averiguação de todas as novas invenções; e a um terceiro departamento tais invenções e melhoramentos em equipamentos eram submetidos a testes. Ligado a esse departamento havia o Colégio dos Sábios – um colégio especialmente assistido por pessoas de Ana que fossem viúvos e sem filhos e jovens mulheres solteiras, entre as quais Zee era a mais ativa. É pelas professoras deste colégio que os estudos considerados de menor uso na vida prática – como a pura especulação filosófica, a história de períodos remotos e ciências como entomologia, etc – são mais cuidadosamente estudados. Zee, cuja mente, ativa como Aristóteles, igualmente abarcou os maiores domínios e os mais minuciosos detalhes do pensamento, havia escrito dois volumes sobre o inseto parasita que mora entre os pelos da pata do tigre, trabalho que foi considerado o melhor sobre esse interessante assunto. Mas as pesquisas dos sábios não se limitam a tais estudos sutis e refinados. Eles compreendem vários outros mais importantes, especialmente as propriedades do vril. É deste colégio que Tur, ou magistrado chefe, seleciona conselheiros, limitado a três, nos raros casos em que um evento novo ou circunstância deixam até o próprio juiz perplexo.

Há alguns outros departamentos de menor importância, mas todos trabalhando tão silenciosamente que a evidência de um governo parece não existir e a ordem social ser tão regular e não obstrutiva, como se fosse uma lei da natureza. Equipamentos são empregados num inconcebível número de trabalhos, e é objetivo incessante do departamento encarregado de sua administração aumentar sua eficiência. Não há classes de trabalhadores, mas todos que são requisitados para controlar os equipamentos são crianças, da idade em que saem dos cuidados das mães até a idade do casamento, que é dezesseis anos para as Gy-ei (mulheres) e vinte para os Anas (homens). Essas crianças são agrupadas em turmas com seus próprios chefes, cada um seguindo a área que mais lhe agrada ou na qual se sente mais à vontade. Alguns vão para o artesanato, alguns para a agricultura, alguns para trabalhos caseiros e alguns somente para trabalhos com o perigo ao qual a população está exposta; pois os riscos que ameaçam esta tribo são, em primeiro lugar, aquelas ocasionais convulsões dentro da Terra; prevêem e guardam os habitantes, o que pede suas maiores habilidades, contra erupção de fogo e água, as tempestades de ventos subterrâneos e escape de gases. Nas fronteiras do domínio, e em todos os lugares onde tais perigos possam preocupar, vigilantes inspetores estão a postos com comunicação telegráfica com a sala na qual sábios escolhidos fazem turnos para haver turmas indefinidamente. Estes inspetores são sempre selecionados entre os rapazes mais velhos se aproximando da puberdade e de acordo com o princípio que nessa idade a observação é mais acurada e as forças físicas mais alertas que em qualquer outra. O segundo trabalho de perigo, menos grave, é a destruição de todas as criaturas hostis à vida, cultura ou até ao conforto dos Anas. Destas, as mais formidáveis são os répteis, alguns dos quais antediluvianos, que são preservados em nossos museus, e certas criaturas aladas gigantescas, meio pásssaros, meio répteis. Estes, junto com animais menos selvagens, equivalentes aos nossos tigres ou serpentes venenosas, são deixados às crianças mais novas para caçar e destruir; porque, de acordo com os Anas, aqui crueldade é necessária, e quanto mais nova a criança mais cruelmente ela vai destruir. Há uma outra classe de animais para a qual o discernimento deve ser usado, e para a qual crianças de idade intermediária são selecionadas – animais que não ameaçam a vida humana, mas devastam a produção das lavouras, variedades de alces e cervos e uma criatura menor muito parecida com nosso coelho, embora infinitamente mais destrutiva às colheitas e muito mais astuta em sua forma de depredação. É objetivo primeiro dessas crianças escolhidas domesticar os mais inteligentes desses animais e deixá-los em cercados sinalizados com marcos visíveis, já que os cães são ensinados a respeitar uma despensa ou até mesmo guardar a propriedade do mestre. Somente onde essas criaturas são encontradas não domesticadas é que elas são destruídas. A vida nunca é tirada por comida ou esporte, e nunca poupada onde há perigos para os Anas. Simultaneamente com esses trabalhos braçais e tarefas, a educação mental das crianças continua até o fim da infância. É costume geral, então, passar por um curso de instrução no Colégio dos Sábios, no qual, além de estudos gerais, o estudante recebe aulas especiais vocacionais ou de direcionamento intelectual conforme sua vontade. Alguns, entretanto, preferem passar este período de estágio viajando, emigrando ou se estabelecer de vez na área rural ou comercial. Nenhuma força

Edward George Bulwer-Lytton

é imposta sobre inclinações individuais.

Capítulo 10

A palavra Ana (pronuncia-se Arna)[1] corresponde ao nosso plural homens; An (pronuncia-se Arn), singular para homem. A palavra para mulher é Gy (pronúncia forte, como em Guy); dela se forma Gy-ei para o plural, mas o G se torna mais leve no plural, como Jy-ei. Eles têm um provérbio dizendo que essa diferença na pronúncia é simbólica, pois o sexo feminino é suave coletivamente, mas duro de se lidar individualmente. As Gy-ei desfrutam por completo todos os direitos de igualdade com os homens, pelo que lutam certos filósofos da superfície.

Na infância elas atuam nas posições de trabalho imparcialmente com os garotos; e, certamente, nas idades mais novas apropriadas à destruição de animais irrecuperavelmente hostis, as meninas são frequentemente preferidas visto serem, pela própria constituição, mais implacáveis sob a influência do medo ou ódio. No intervalo entre a infância e a idade para o casamento, o interrelacionamento familiar entre os sexos é suspenso. Na idade para o casamento isso é renovado, nunca com consequências piores do que aquelas que acontecem no

---

1 Em respeito ao som sugerido pelo autor como comparação para a pronúncia das palavras, deverá o leitor considerar a pronúncia em inglês, idioma natal do autor.
O leitor também não deverá considerar erro de concordância a falta de plural em certos nomes, visto que certas palavras, por si só, são plurais. N.T.

casamento. Todas as habilidades e dons partilhados por um sexo são abertos para o outro, e as Gy-ei reclamam para si uma superioridade em todas aquelas dificuldades e ramificações místicas do raciocínio para as quais elas dizem serem os Ana não adequados, pela lenta seriedade de entendimento ou a rotina de suas ocupações, exatamente como as jovens senhoras em nosso próprio mundo se constituem autoridades nos mais sutis pontos da doutrina teológica para as quais poucos homens, ativamente engajados nos negócios mundanos, têm suficiente entendimento ou refinamento de intelecto. Seja devido ao prematuro treinamento em exercícios de ginástica ou a sua constituição, as Gy-ei são normalmente superiores aos Ana em força física (um importante elemento na consideração e manutenção dos direitos femininos). Elas atingem estaturas mais altas e, em meio às suas proporções mais arredondadas, são seus tendões e músculos tão firmes e fortes como os do outro sexo. Elas afirmam que, de acordo com as leis originais da natureza, mulheres foram feitas para serem maiores que os homens, e mantêm esse dogma tomando como referência as mais antigas formações de vida dos insetos e mais antigas famílias de vertebrados – como os peixes – ambos casos nos quais as fêmeas são geralmente suficientemente grandes para fazer de seus consortes uma refeição, se assim desejarem. Acima de tudo, as Gy-ei têm um poder mais ágil e concentrado sobre aquele misterioso fluido que contém o elemento da destruição, com uma porção maior de sagacidade que compreende a dissimulação. Assim elas podem não apenas se defender contra todas as agressões dos homens, mas poderiam, a qualquer momento em que ele menos suspeitasse do perigo, acabar com a existência de um esposo agressivo. Para o crédito das Gy-ei, nenhum exemplo de abuso desta terrível superioridade para destruição tem sido registrado por muitas eras. O último que ocorreu na comunidade da qual eu falo parece (de acordo com sua cronologia) ter sido uns dois mil anos atrás. Uma Gy, então em um ataque de ciúmes, matou seu marido; e esse abominável ato inspirou tal terror entre os homens que eles emigraram em massa e deixaram todas as Gy-ei sozinhas. A história conta que as abandonadas Gy-ei, assim levadas ao desespero, atacaram a assassina enquanto dormia (e portanto desarmada) e a mataram e, então, concordaram em uma solene obrigação entre elas de banir para sempre o exercício de seus radicais poderes conjugais, e incutir a mesma obrigação por todo o sempre em suas filhas. Por esse processo conciliatório, uma delegação enviada aos consortes fugitivos obteve sucesso em persuadir muitos a voltarem, mas os que voltaram eram na maioria os mais velhos. Os mais jovens, seja por uma covarde dúvida sobre suas consortes, ou por superestimar seus próprios méritos, rejeitaram todas as aberturas e, permanecendo em outras comunidades, lá se juntaram a outras companheiras, com as quais talvez não estivessem melhor. Mas a perda de uma porção tão grande de homens jovens operou um salutar aviso às Gy-ei, e confirmou a elas a profunda resolução a qual elas tinham se empenhado. Agora é popularmente considerado que, pelo longo desuso hereditário, as Gy-ei perderam a agressividade e superioridade defensiva sobre os Ana que possuíam, exatamente como nos animais inferiores sobre a terra muitas peculiaridades em suas formações originais, desenvolvidas pela natureza para sua proteção, gradualmente desaparecem ou se tornam inoperantes quando não necessárias sob circunstâncias alteradas. Eu deveria lamentar, no entanto, por qualquer An que induzisse uma Gy a fazer a experiência de se ele ou ela seria o mais forte.

Do incidente que narrei, os Ana encontraram certas alterações nos costumes matrimoniais, tendendo, talvez, um tanto quanto à vantagem dos homens. Eles agora unem-se em casamento por apenas três anos; ao fim do terceiro ano tanto o homem quanto a mulher pode se divorciar do outro e é livre para se casar novamente. Ao fim de dez anos o Ana tem o privilégio de tomar uma segunda esposa, permitindo à primeira se retirar, se ela assim desejar. A maior parte desses regulamentos é letra morta; divórcios e poligamia são extremamente raros e o casamento agora parece singularmente feliz e calmo entre este extraordinário povo; as Gy-ei, apesar de sua propalada superioridade em força física e habilidades intelectuais, são muito impelidas a modos gentis pelo medo da separação ou de uma segunda esposa, e os Ana são criaturas de hábitos, não gostando, exceto sob forte agravante, de trocar por novidades perigosas, rostos e modos aceitos pelo costume. Mas há um privilégio que as Gy-ei cuidadosamente mantém, e o desejo que talvez seja o motivo secreto de muitas afirmativas de senhoras sobre os direitos da mulher na superfície. Elas reivindicam o privilégio, aqui usurpado pelos homens, de proclamar seu amor; em outras palavras, de ser a parte cortejadora e não a cortejada. Fenômeno como uma solteirona não existe entre as Gy-ei. Na verdade, é muito raro que uma Gy não prenda um An ao qual ela direcionou seu coração, se a afeição dele não for fortemente despertada. Embora o homem que ela corteja possa demonstrar no início timidez, relutância e prudência, a perseverança, paixão, poderes de persuasão e o comando sobre as místicas funções do vril dela são o bastante para pular no pescoço dele no que chamamos de "enforcamento fatal". O argumento delas para a reversão da relação dos sexos que a tirania cega do homem estabeleceu na face da terra parece convincente, e é declarado com uma franqueza que poderia ser elogiada em considerações imparciais. Elas dizem que dos dois, a mulher é, por natureza, de uma disposição mais amorosa que o homem – que o amor ocupa um espaço maior em seus pensamentos e é mais essencial para sua felicidade, e que, portanto, ela deve ser a parte cortejadora; que, por outro lado, o homem é uma criatura tímida e insegura, que ele tem uma predileção egoísta por ser solteiro, que ele frequentemente finge não entender olhares carinhosos e insinuações delicadas; que, resumindo, ele deve ser resolutamente caçado e capturado.

O que quer que seja dito sobre este raciocínio, o sistema funciona bem para a mulher; pois é certo, assim, que ele é verdadeira e ardentemente amado, e quanto mais tímido e relutante ele se mostra, mais a determinação de segurá-lo aumenta; ele geralmente planeja fazer seu consentimento dependente de condições que ele pensa serem a melhor forma de garantir, senão um total contentamento, ao menos uma vida calma. Cada indivíduo An tem seus próprios passatempos, suas próprias maneiras, suas próprias predileções e, quaisquer que sejam, ele exige uma promessa de completa e irrestrita concessão a ele. Isto, na caça de seu objeto, a Gy prontamente promete; e como a característica deste extraordinário povo é uma implícita veneração pela verdade, e uma vez que sua palavra é dada ela nunca é quebrada mesmo pela mais leviana Gy, as condições estipuladas são religiosamente observadas. Na verdade, apesar de todos seu direitos e poderes abstratos, as Gy-ei são as mais afáveis, conciliatórias e submissas esposas que eu já vi até mesmo nos mais felizes lares sobre o solo. É um aforismo entre eles que "onde uma Gy ama, é seu prazer obedecer". Será observado que na relação entre os sexos eu falei apenas do casamento, pois tal é a perfeição moral que essa comunidade atingiu que qualquer relação ilícita é tão pouco possível entre eles quanto seria para um casal de pintarroxos durante o tempo em que concordam em viver juntos.

Capítulo 11

Nada havia me deixado mais perplexo, ao procurar adaptar-me à ideia da existência de regiões estendendo-se sob a superfície da terra, e habitáveis por seres diferentes mas, ainda, em todos aspectos materiais, similares àqueles no mundo da superfície, do que a contradição à doutrina com que, acredito eu, muitos geólogos e filósofos concordam, de que, embora para nós o sol seja a grande força de calor, ainda assim quanto mais fundo nós vamos sob a crosta terrestre, maior é o calor, sendo, como se diz, encontrada uma proporção de 3 graus por metro, começando a 15 metros abaixo da superfície. Mas embora os domínios da tribo da qual eu falo fossem, no nível mais alto, tão comparativamente próximos à superfície que eu poderia estimar uma temperatura, aqui, apropriada à vida orgânica, mesmo assim as ravinas e vales daquele reino eram muito menos quentes que os filósofos suporiam possível em tal profundidade – certamente não mais quente que o sul da França, ou ao menos da Itália. E, de acordo com os todos os relatos que recebi, vastas regiões extremamente mais profundas sob a superfície, e na qual poderia se pensar que apenas salamandras pudessem existir, eram habitadas por inúmeras raças organizadas como as nossas. Não posso fingir, de forma alguma, responsabilizar-me por um fato que esteja tão em desacordo com as leis reconhecidas da ciência, e nem Zee poderia me ajudar muito no tocante a uma solução para isso. Ela apenas conjeturava que considerações suficientes não haviam sido feitas por nossos filósofos em relação à extrema porosidade do interior da terra, a vastidão de suas cavidades e irregularidades, que serviam para criar livres correntes de ar e ventos constantes, e os vários modos por que o calor é evaporado e eliminado. Ela considerava, no entanto, que haveria uma profundidade na qual o calor fosse intolerável para a vida organizada como era conhecida pela experiência de Vril-ya, embora seus filósofos acreditassem que até em tais lugares vida de algum tipo, vida consciente, vida intelectual, seria encontrada abundante e próspera, caso pudessem os filósofos penetrar até lá.

– Onde quer que o Todo-Bondade construa – disse ela –, lá, esteja certo, Ele coloca habitantes. Ele não ama moradias vazias.

– Acrescentou, no entanto, que muitas mudanças na temperatura e clima têm sido efetuadas pela habilidade dos Vril-ya, e que as funções do vril têm sido empregadas com sucesso em tais mudanças. Descreveu um meio sutil e formador de vida chamado Lai, que eu suspeito ser idêntico ao etéreo oxigênio do Dr. Lewins, que trabalha todas as forças correlatas unidas sob o nome de vril. Ela disse também que era crença de seus naturalistas que flores e vegetação haviam sido produzidas originariamente (seja desenvolvida de sementes nascidas na superfície da terra nas antigas convulsões da natureza ou importada pelas tribos que primeiro procuraram refúgio nas entradas cavernosas) através da atuação da luz constantemente sobre elas, com o gradual melhoramento na cultura. Disse também que desde que a luz do vril tinha substituído todas as outras fontes de luz, as cores das flores e folhagens tinham se tornado mais brilhantes e a vegetação havia adquirido uma taxa de crescimento maior.

Deixando esses assuntos para a consideração daqueles mais competentes para lidar com eles, devo agora devotar algumas páginas às questões muito interessantes ligadas à linguagem dos Vri-ya.

Edward George Bulwer-Lytton

Capítulo 12

O idioma de Vril-ya é peculiarmente interessante porque me parece exibir com grande clareza os traços das três principais transições que o idioma passa para alcançar a perfeição de forma.

Um dos mais ilustres dos recentes linguistas, Max Muller, argumentando a analogia entre as camadas do idioma e as camadas da terra, estabelece este dogma absoluto: "Nenhum idioma pode, em nenhuma circunstância, ser declinado sem ter passado pelo estrato aglutinativo e isolador. Nenhum idioma poder ser aglutinativo sem aderir suas raízes ao estrato base de isolamento". – *On the Stratification of Language* (Sobre a Estratificação da Linguagem, N.T), p.20.

Tomando, então, o idioma chinês como o melhor tipo existente de estrato isolado original "como a fiel fotografia do homem em seus pensamentos exercitando os músculos de sua mente, tateando o caminho, e tão encantado com seu primeiro sucesso em compreensão que ele repete de novo e de novo," – nós temos, na linguagem Vril-ya, ainda "aderindo suas raízes ao estrato base," as evidências do isolamento original. Ela abunda em monossílabos, que são os fundamentos da linguagem. A transição para a forma aglutinativa marca uma época que deve ter se entendido gradualmente através de eras, a literatura escrita da qual sobreviveu apenas em alguns poucos fragmentos da mitologia simbólica e certas sentenças essenciais que se transformaram em provérbios populares. Com a extensa literatura de Vril-ya o estrato de inflexão começa. Sem dúvida que naquele tempo devem ter ocorrido processos concomitantes de fusão de raças por alguns povos dominantes, e o crescimento de alguns grandes fenômenos literários pelos quais a forma da linguagem se deteve e se fixou. Como o estágio de inflexão prevaleceu sobre o aglutinativo, é surpreendente ver quão mais ousadas as raízes originais da linguagem sobressaíram da superfície que as esconde. Nos velhos fragmentos e provérbios do estágio precedente os monossílabos que compõe aquelas raízes desaparecem entre as palavras de enorme tamanho, compreendendo sentenças inteiras da qual uma parte não pode ser separada de outra e empregada separadamente. Mas quando a forma da linguagem com inflexão se tornou tão avançada para ter estudiosos e especialistas em gramática, eles parecem ter se unido para extirpar tais monstros polissintéticos e polissílabos, como a devorar invasores das formas originais. Palavras além de três sílabas foram proscritas como bárbaros e, na proporção que a linguagem crescia assim simplificada, cresceu em tamanho, dignidade e suavidade. Embora agora muito comprimida no som, ganha em clareza por aquela compreensão. Por uma simples letra, de acordo com sua posição, elas conseguem expressar tudo que em uma nação civilizada no mundo da superfície leva ao desperdício, às vezes de sílabas, às vezes de sentenças para sua expressão. Deixem-me aqui citar um ou dois exemplos: An (que eu traduzirei como homem), Ana (homens); a letra "s" é com elas uma letra que implica multidão, de acordo com a posição onde é colocada; Sana significa humanidade; Ansa, uma multidão de homens. O prefixo de certas letras em seu alfabeto invariavelmente denota significados compostos. Por exemplo, Gl (que é uma única letra, como "th" é uma única letra para os gregos) no começo de uma palavra supõe um ajuntamento ou união de coisas, às vezes parecidas, às vezes diferentes – como Oon, uma casa; Gloon, uma cidade (isto é, um ajuntamento de casas). Ata é tristeza; Glata, uma calamidade pública. Aur-an é a saúde ou bem-estar do homem; Glauran, o bem-estar do estado, o bem da comunidade; e uma palavra constantemente em suas bocas é A-glauran, que denota sua crença política – como "o princípio primeiro de uma comunidade é o bem de todos". Aub é invenção; Sila, um

Edward George Bulwer-Lytton

tom em música. Glaubsila, como que unindo as ideias de invenção e de entonação musical é a clássica palavra para poesia – abreviada em conversas informais para Glaubs. Na, que é, como Gl, uma única letra, sempre, quando uma inicial, implica alguma coisa antagônica à vida, alegria ou conforto, lembrando aqui o radical ariano Nak, expressão de deterioração ou destruição. Nax é escuridão; Narl, morte; Naria, pecado ou maldade. Nas – como uma extrema condição de pecado e maldade – corrupção. Na escrita eles consideram desrespeitoso expressar o Ser Supremo por qualquer nome em particular. Ele é simbolizado pelo que pode ser chamado de hieróglifo de uma pirâmide, A. Em oração eles se dirigem a Ele por um nome que eles consideram muito sagrado para confiar a um estranho, e eu não sei qual é. Em conversas eles geralmente usam um epíteto perifrástico, como o Todo-Bondade. A letra V, símbolo para pirâmide invertida, onde é uma inicial, quase sempre denota excelência ou poder; como Vril, sobre o qual tanto falei; Veed, um espírito imortal; Veedya, imortalidade; Koom, pronunciado como o galês Cwm, denota alguma coisa vazia. Koom, por si só, é um profundo vazio, metaforicamente uma caverna; Koom-in, um buraco; Zi-koom, um vale; Koom-zi, lugar vago ou vazio; Bodh-koom, ignorância (literalmente, vazio de conhecimento). Koom-Posh é seu nome para o governo de muitos, ou o predomínio dos mais ignorantes ou vazios. Posh é uma expressão quase intraduzível, implicando, como o leitor verá mais tarde, desprezo. A mais próxima tradução que posso dar a ela é nossa gíria *bosh* (em inglês, N.T.); e assim Koom-Posh pode ser vagamente traduzido *Hollow-Bosh* (em inglês, N.T.). Mas quando a democracia ou Koom-Posh degenera da ignorância popular para aquela paixão ou ferocidade que precede seu término, como (para citar exemplos do mundo da superfície) durante o reinado francês do terror, ou os cinquenta anos de república romana que precederam a ascensão de Augusto, seu nome para esse estado de coisas é Glek-Nas. Ek é desordem; Glek, a desordem universal. Nas, como eu disse antes, é corrupção ou podridão; assim, Glek-Nas pode ser interpretado como "podre desordem universal". Seus compostos são muito expressivos; assim, Bodh sendo conhecimento e Too, um particípio que implica a ação de aproximação cautelosa, Too-Bodh é sua palavra para Filosofia; Pah é uma desdenhosa exclamação análoga à nossa expressão "besteira e tolice"; Pah-bodh (literalmente, cultura inútil) é seu termo para filosofia falsa ou fútil, e é aplicado a tipos de raciocínios metafísicos ou especulativos antigamente em voga, que consistiam em fazer perguntas que não poderiam ser respondidas, e que não valeriam a pena serem feitas; tais como, por exemplo, "Por que um An tem cinco dedos nos pés ao invés de quatro ou seis? O primeiro An, criado pelo Todo-Bondade, tinha o mesmo número de dedos que seus descendentes? Na forma pela qual um An será reconhecido por seus amigos no futuro, possuirá ele dedos e, se possuir, serão dedos materiais ou espirituais?" Pego esses exemplos de Pahbodh não por ironia ou piada, mas porque as perguntas que cito formavam o assunto da controvérsia pelos últimos cultivadores daquela "ciência", quatro mil anos atrás.

Na declinação de substantivos eu fui informado que antigamente havia oito casos (uma a mais que na gramática sânscrita); mas com o efeito do tempo foi reduzido para três casos e multiplicado, aos invés dessas terminações variáveis, preposições explicativas. Atualmente, na gramática apresentada para meu estudo, havia quatro casos para substantivos, três tendo terminações variáveis e a quarta um prefixo direfente.

SINGULAR

Nominativo: An, Homem
Dativo: Ano, para Homem
Acidência: Anam, Homem
Vocativo: Hil-An, Ó, Homem

PLURAL

Nominativo: Ana, Homens
Dativo: Anoi, para Homens
Acidência: Ananda, Homens
Vocativo: Hil-Ananda, Ó, Homem

Na literatura inflexiva mais antiga a forma dual existia – é já há muito tempo obsoleta.

O caso genitivo para eles é também obsoleto; o dativo é usado em seu lugar; eles dizem "Casa para um Homem", ao invés de "Casa de um Homem". Quando usado (algumas vezes em poesia), o genitivo na terminação é o mesmo que o nominativo; assim é o caso ablativo, a preposição que a marca sendo um prefixo ou sufixo por opção, e geralmente decidido pelo som, conforme o substantivo. Será observado que o prefixo Hil marca o caso vocativo. É sempre usado quando se dirigindo a outro, exceto nas relações domésticas mais íntimas; sua omissão poderia ser considerada rude; exatamente como em nossas velhas formas de discurso ao se dirigir a um rei seria considerado desrespeitoso dizer "Rei ', e reverente dizer "Ó, Rei". De fato, como eles não têm títulos de honra, o vocativo entra no lugar de um título, e é dado a todos imparcialmente. O prefixo Hil entra na composição de palavras que implicam distantes comunicações, como Hil-ya, para viagem.

Na conjugação de seus verbos, que é um assunto muito longo para se alongar aqui, o verbo auxiliar Ya, "ir", que tem uma atuação considerável no sânscrito, aparece e faz um papel semelhante, como se fosse um radical em algum idioma do qual ambos descendem. Mas um outro auxiliar de significado oposto também o acompanha e compartilha sua função – como Zi, para ficar ou repousar. Assim, Ya entra no tempo futuro e Zi no pretérito de todos os verbos que requerem auxiliares. Yam, eu vou – Yiam, eu posso ir – Yani-ya, eu irei (literalmente, eu vou ir) – Zam-poo-yan, eu fui. Ya, como terminação, implica, por analogia, progresso, movimento, florescimento. Zi, como terminação, denota fixidez, às vezes em um bom sentido, às vezes em um mau, de acordo com a palavra a qual ela se junta. Iva-zi, eterna bondade; Nam-zi, eterna maldade. Poo (de) entra como um prefixo para palavras que denotam repugnância ou coisas das quais devemos ter aversão. Poo-pra, repugnância; Poo-naria, falsidade, a pior das maldades. Poosh ou Posh eu já confessei ser intraduzível literalmente. É uma expressão de desprezo misturada com piedade. Este radical parece ter se originado da natural relação entre o trabalho labial e o sentimento que o impele, sendo Poo uma expressão na qual o ar sai dos lábios com mais ou menos veemência. Por outra lado, Z, quando uma inicial, é um som em que o ar é inspirado e, assim, Zu, pronunciado Zoo (que em sua língua é uma letra), é o prefixo comum para palavras que significam algo que atrai, agrada, toca o coração – como Zummer, amante; Zutze, amor; Zuzulia, prazer. Este som puxado para dentro de Z parece, de certo, naturalmente apropriado para afeição. Assim, até em nosso língua, mães dizem às suas crianças, em desacato à gramática, *Zoo darling* (Zoo querido, N.T.); e eu ouvi um culto professor em Boston chamar sua esposa (ele estava casado havia apenas um mês) *Zoo little pet* (Zoo bichinho,

Vril – O poder da raça futura   55

N.T.)

Não posso terminar esse assunto, no entanto, sem observar por quais leves mudanças nos dialetos usados por diferentes tribos da mesma raça, o significado e beleza originais de sons podem se tornar confusas e deformadas. Zee me disse com muita indignação que Z*mmer (amante), o qual, na forma que ela expressou, pareceu lentamente levado às profundezas de seu coração, era, em algumas comunidades não muito distantes de Vril-ya, desviado para o som de S*bber, meio assobiado, meio nasalado, totalmente desagradável. Pensei comigo que bastaria a introdução de n antes de u para transformar em uma palavra inglesa significando a última qualidade que uma amorosa Gy desejaria em seu Zummer.[1]

Mencionarei apenas uma outra peculiaridade neste idioma que dá igual força e brevidade às suas formas de expressões.

A é para eles, como para nós, a primeira letra do alfabeto e é frequentemente usada como um prefixo por si mesma para transmitir uma ideia complexa de soberania ou liderança, ou princípio básico. Por exemplo, Iva é bondade; Diva, bondade e felicidade juntos; A-Diva é sem erro e absoluta verdade. Eu já notei o valor de um A em A-glauran, então, em vril (cujas propriedades eles relacionam seu presente estado de civilização), A-vril denota, como eu disse, civilização propriamente dita.

O linguista verá pelo acima exposto o quanto o idioma Vril-ya é similar ao ariano ou indo-germânica; mas, como todas as línguas, contém palavras e formas oriundas de outras fontes. O próprio título Tur, que eles dão ao seu magistrado supremo, indica que foi tirado de uma língua similar ao turaniano. Eles mesmos dizem que esta é uma palavra estrangeira emprestada de um título que seus registros históricos mostram ter sido usado pelo chefe de uma nação com quem os ancestrais dos Vril-ya estavam, em tempos remotos, em termos amigáveis, mas que há tempo se extinguiu, e eles dizem que quando, depois da descoberta do vril, eles remodelaram suas instituições políticas, expressamente adotaram um título tirado de uma raça extinta e uma língua morta para seu magistrado chefe, para evitar todos os títulos com os quais eles tinham prévia associação.

Se eu tiver tempo de vida, posso reunir de forma sistemática o conhecimento que adquiri desta língua durante minha estada entre os Vril-ya. Mas o que eu já disse talvez bastará aos genuínos estudantes de linguística como um idioma que, preservando

1 O autor se refere à palavra esnobe em inglês. N.T.

Edward George Bulwer-Lytton

tanto de suas raízes na forma original e eliminando o imediato, mas transitório, estágio polissintético com tantos rudes estorvos, atingiu tal união de simplicidade e domínio em suas formas finais de inflexão, que deve ter sido o trabalho gradual de incontáveis eras e muitas variações de mentalidade; que contem a evidência de fusão entre raças afins, e deve ter exigido para chegar à forma de que eu dei exemplos, a cultura de um povo altamente pensante.

Que, entretanto, a literatura que pertence a essa língua é um literatura do passado e que o presente estado de prosperidade que os Ana atingiram impede o progressivo cultivo da literatura, especialmente nas duas principais divisões de ficção e história, eu terei oportunidade de mostrar mais tarde.

Capítulo 13

Essas pessoas têm uma religião e, o que quer que seja dito contra ela, ao menos tem estas estranhas peculiaridades; em primeiro lugar, todos acreditam no credo que professam; em segundo lugar, eles todos praticam os preceitos que o credo apregoa. Eles se unem na adoração de um divino Criador e Sustentador do universo. Acreditam que é uma das propriedades do vril, que tudo permeia, transmitir à fonte de vida e inteligência todo pensamento que uma criatura viva pode conceber; e, embora eles não afirmem que a ideia de uma Divindade seja inata, ainda assim eles dizem que o An (homem) é a única criatura, até onde sua observação da natureza se estende, a quem a capacidade de conceber aquela ideia, com todos os pensamentos que decorrem dela, é concedida. Eles acreditam que essa capacidade é um privilégio que não pode ser ter sido dado em vão e, portanto, que a oração e agradecimento são aceitáveis para o divino Criador, e necessários para o completo desenvolvimento da criatura humana. Eles oferecem sua devoção tanto na privacidade como em público. Não sendo considerado um de sua espécie, eu não fui admitido no prédio ou templo no qual a adoração pública é prestada; mas sei que o serviço é excessivamente curto e desacompanhado de qualquer pompa ou cerimônia. É uma doutrina para os Vril-ya que a mais fervorosa devoção ou completa abstração do mundo real não pode, para o benefício de si mesma, ser mantida por muito tempo em um exercício da mente humana, especialmente em público, e que todas as tentativas de assim se fazer levam ao fanatismo ou à hipocrisia. Eles oram em privacidade quando estão sozinhos ou com seus filhos jovens.

Dizem que em tempos remotos havia um grande número de livros escritos com especulações sobre a natureza da Divindade, e sobre as formas de crença ou adoração supostamente mais agradáveis para Ele. Mas descobriu-se que isso levava a quentes e nervosas disputas não apenas para perturbar a paz da comunidade e dividir famílias antes muito unidas, mas no curso da discussão dos atributos da Divindade a existência da Divindade propriamente dita foi colocada de lado ou, o que era pior, tornou-se investida das paixões e fraquezas dos humanos em conflito.

– Pois – disse meu anfitrião – desde que um ser finito como um An não pode de forma alguma definir o Infinito, quando ele luta para entender uma ideia de Divindade, ele apenas reduz a Divindade a um An como ele mesmo.

Durante eras posteriores, entretanto, todas as especulações teológicas, embora não proibidas, foram desencorajadas, visto que caíram completamente em desuso.

Os Vril-ya se unem em uma convicção de um estado futuro, mais feliz e perfeito que o presente. Se eles têm noções muito vagas da doutrina de recompensa e punição é talvez porque eles não têm sistemas de recompensas e punições entre eles, pois não há crimes para punir, e seu padrão moral é tão firme que nenhum An entre eles é, no todo, considerado mais virtuoso que outro. Se um excede, talvez, em uma virtude, um outro igualmente excede em alguma outra virtude; se alguém tem seu defeito frequente ou fraqueza, também outro os tem. Na verdade, em seu extraordinário modo de vida, há tão poucas tentações ao errado que eles são bons (de acordo com suas noções de bondade) simplesmente porque vivem. Eles têm algumas noções irreais sobre a continuidade da vida, uma vez que seja criada, mesmo no mundo vegetal, como o leitor verá no próximo capítulo.

Capítulo 14

Embora, como eu disse, os Vril-ya desencoragem todas as especulações sobre a natureza do Ser Supremo, eles parecem concordar em uma crença pela qual eles pensam resolver aquele grande problema da existência do mal, que tanto deixou confusa a filosofia do mundo da superfície. Eles acreditam que onde quer que Ele tenha alguma vez dado vida, aquela vida, ainda que fraca, como em uma planta, nunca é destruída; ela passa para novas e melhores formas, embora não neste planeta (diferindo mesmo da doutrina comum da metempsicose), e que a coisa viva mantém o senso de identidade, de tal forma que liga sua vida passada com sua futura, e é consciente de seu progressivo melhoramento na escala da felicidade. Pois eles dizem que sem essa suposição eles não podem, de acordo com as luzes da razão humana a eles concedidas, descobrir a justiça perfeita que deve ser uma qualidade constituinte do Todo-Sábio e Todo-Bondade. Injustiça, dizem eles, só pode emanar de três causas: o desejo de sabedoria para perceber o que é justo, o desejo de benevolência para querer, o desejo de poder para satisfazê-lo; e que cada um destes três desejos é incompatível com o Todo-Sábio, Todo-Bondade, Todo-Poderoso. Mas que, enquanto mesmo nesta vida, a sabedoria, a benevolência e o poder do Ser Supremo são suficientemente aparentes para induzir nosso reconhecimento, a justiça necessariamente resultante daqueles atributos requer uma outra vida, não para o homem apenas, mas para toda coisa viva das ordens inferiores. Que, até no mundo animal e vegetal, nós vemos um indivíduo atingido, por circunstâncias além de seu controle, deploráveis se comparadas com seus vizinhos – um só existe como presa de outro; até uma planta sofre de doença até que perece prematuramente, enquanto a planta ao lado dela regozija-se em sua vitalidade e tem uma vida feliz, livre de remorso. É uma analogia errônea das fraquezas humanas replicar dizendo que o Ser Supremo age apenas por leis gerais, fazendo, portanto, suas próprias causas secundárias tão fortes que contrariam a bondade da Causa Primeira; e uma concepção ainda pior e mais ignorante do Todo-Bondade é descartar com um desprezo sumário toda consideração de justiça para com as miríades de formas nas quais Ele infundiu vida, e crer que a justiça é devida apenas ao simples produto do An. Não há pequeno ou grande aos olhos do divino Doador-de-Vida. Mas uma vez admitido que nada, ainda que singelo, que sinta que vive e sofre, pode perecer, através das muitas eras, todo seu sofrimento aqui, ainda que dure do momento de seu nascimento ao de sua transferência para uma outra forma de ser, seria mais breve, comparado com a eternidade, que o choro do recém-nascido é se comparado à vida completa de um homem; e uma vez suposto que esse ser vivo mantém seu senso de identidade quando transferido para outras formas, (pois sem esse senso, ele poderia não estar consciente de formas futuras) e embora, com certeza, as razões da divina justiça estejam além de nosso saber, ainda assim temos o direito de presumir que essa justiça seja uniforme e universal, não variável e parcial, como seria se agisse apenas sobre leis gerais secundárias; porque tal justiça perfeita resulta na perfeição de conhecimento para conceber, perfeição de amor para desejar e perfeição de poder para realizar.

O quanto fantástica essa crença de Vril-ya possa ser, ela tende talvez a confirmar politicamente os sistemas de governo que, admitindo diferentes graus de riqueza, estabelece igualdade em posições, requintada suavidade em todas as relações e comunicações, e ternura para com todas as coisas criadas, pois o bem da comunidade não requer sua destruição. E embora sua ideia de compensação para um inseto torturado ou uma flor doente possa parecer para alguns de nós uma coisa primitiva, ainda assim, ao menos, não é algo maldoso; e não pode fornecer material para nenhuma reflexão desagradável. E pensar que dentro dos abismos da terra, nunca iluminados por um raio do céu material, tenha penetrado tão luminosa convicção da inefável bondade do Criador – a ideia de que as leis gerais pelas quais Ele age não podem admitir nenhuma injustiça parcial ou maldade e, portanto, não podem ser compreendidas sem incluir a sua ação sobre todo o espaço e através de todo o tempo. E desde que, como terei oportunidade de observar mais tarde, as condições intelectuais e sistemas sociais dessa raça subterrânea colocam em acordo e harmonizam grandes, e aparentemente antagônicas, variações de doutrina filosófica e especulações que de tempos em tempos começaram, foram discutidas, descartadas e reapareceram entre pensadores ou sonhadores no mundo da superfície, então eu talvez possa concluir apropriadamente esta referência à crença dos Vril-ya, de que auto-consciência ou vida sensível, uma vez dada, é indestrutível entre criaturas inferiores assim como no homem, por uma eloquente passagem do trabalho daquele eminente zoólogo, Louis Agassiz, que acabei de encontrar, muitos anos depois de ter colocado no papel aquelas lembranças da vida dos Vril-ya que agora eu transformo em algo mais organizado:

> As relações que animais individuais mostram entre si são de tais características que elas deveriam ter sido consideradas, há muito tempo, como prova suficiente que nenhum ser organizado poderia ter vindo a existir sem a direta intervenção de uma mente pensante. Isto argumenta fortemente a favor da existência, em todo animal, de um princípio imaterial similar àquele que por sua excelência e aptidões superiores coloca o homem tão acima dos animais; ainda assim, o princípio existe, e seja chamado senso, razão ou instinto, apresenta em toda a variedade de seres organizados uma série de fenômenos intimamente ligados, e sobre isso estão baseadas não apenas as mais altas manifestações da mente, mas específicas diferenças que caracterizam todo organismo. Muitos dos argumentos a favor da imortalidade do homem se aplicam igualmente à permanência deste princípio em outros seres vivos. Não posso eu acrescentar que uma vida futura na qual o homem seja privado dessa grande fonte de prazer e melhoramentos intelectuais e morais envolveria uma lamentável perda? E não podemos imaginar uma união espiritual dos mundos e todos os seus

Edward George Bulwer-Lytton

habitantes na presença do Criador, como a mais alta concepção de paraíso? (*Essay on Classification*, seção xviii, p. 97-99).

Capítulo 15

Como tudo o mais que achei agradável nessa casa, a jovem filha de meu anfitrião era a mais cortês e atenciosa em sua gentileza. Por sugestão sua coloquei de lado as vestimentas com as quais eu tinha descido do mundo da superfície e adotei os trajes de Vril-ya, com exceção das artísticas asas que serviam para eles, quando a pé, como um gracioso manto. Mas como muitos de Vril-ya, quando ocupados em atividades urbanas, não usavam estas asas, tal exceção não criou nenhuma diferença marcante entre eu mesmo e a raça entre a qual permaneci e, assim, eu estava apto a visitar a cidade sem despertar curiosidade desagradável. Fora da casa ninguém suspeitava que eu vinha do mundo da superfície e eu era considerado como alguém de alguma tribo inferior e bárbara que Aph-Lin recebia como convidado.

A cidade era grande em proporção ao território à sua volta, que não era maior que muitas propriedades de nobres ingleses ou húngaros; mas o total dela, até o limite das rochas que constituíam suas fronteiras, era cultivada nas melhores condições, exceto onde certas áreas de montanhas e pastagem eram deixadas livres para o sustento dos animais inofensivos que eles tinham domado, embora não para uso doméstico. Tão grande é sua bondade para essas criaturas simples, que uma soma do tesouro público é destinada para o propósito de deportá--las para outras comunidades Vril-ya que desejem recebê-las (especialmente novas colônias) toda vez que se tornassem muito numerosas para as pastagens a elas destinadas em seu lugar nativo. Eles não se multiplicam, entretanto, em uma dimensão comparável à proporção em que, para nós, os animais criados para abate aumentam. Parece uma lei da natureza que animais não úteis ao homem gradualmente se retiram dos domínios que ocupam ou até mesmo se tornam extintos. É um velho costume dos vários estados soberanos nos quais a raça dos Vril-ya está distribuída, deixar entre cada estado uma terra fronteiriça neutra e não cultivada. No exemplo da comunidade da qual eu falo, esta extensão, sendo uma cadeia de rochas selvagens, era impenetrável a pé, mas facilmente galgada, fosse pelas asas dos habitantes ou os barcos voadores, dos quais falarei mais adiante. Estradas através dela eram também feitas para o trânsito de veículos impulsionados pelo vril. Essas extensões intercomunicáveis eram sempre mantidas iluminadas, e o gasto disso custeado por um imposto especial que todas as comunidades compreendidas pela denominação Vril-ya contribuíam em proporções acordadas. Por esses meios um considerável tráfego comercial com outros estados, tanto próximos como distantes, era realizado. A riqueza excedente desta comunidade especial era principalmente agrícola. A comunidade era também eminente em construir implementos ligados à agricultura. Em troca, por tal mercadoria, ela obtinha artigos mais de luxo que necessidade. Poucas coisas importadas tinham preços maiores que os pássaros ensinados a assobiar sons artísticos em concerto. Eles eram trazidos de uma grande distância e eram maravilhosos pela beleza do canto e plumagem. Verifiquei que um cuidado extraordinário era tomado por seus criadores e professores na seleção e que as espécies tinham melhorado maravilhosamente durante os últimos poucos anos. Não vi nenhum outro animal de estimação nessa comunidade exceto algumas criaturas muito engraçadas e esportivas da espécie dos batráquios, lembrando sapos, mas com expressões muito inteligentes, de que as crianças gostavam muito, e mantidas em seus jardins particulares. Parece que eles não têm animais semelhantes ao nossos cães ou cavalos, embora aquela sábia naturalista, Zee, tenha me informado que tais criaturas já existiram naquelas paragens e podem ser agora ser encontradas em regiões habitadas por outras raças que não Vril-ya. Ela disse que eles haviam desaparecido gradualmente do mundo mais civilizado desde a descoberta do vril e os resultados que acompanharam aquela descoberta haviam dispensado seu uso. Maquinaria e a invenção de asas haviam superado o cavalo como um animal de carga; e o cão não era mais procurado seja para proteção ou caça, como tinha sido quando os ancestrais dos Vril-ya temiam as agressões de seus próprios semelhantes, ou caçavam os animais menores para alimentação. De fato, entretanto, no que se referia ao cavalo, essa região era tão rochosa que um cavalo seria, ali, de pouca utilidade tanto para passatempo como para carga. A única criatura que eles usam para este propósito é um tipo de cabra grande que é muito empregada em fazendas. A natureza do solo ao redor dessas vizinhanças pode ser considerada a primeira a ter sugerido a invenção das asas e barcos voadores. A extensão do espaço urbano, em proporção ao território rural ocupado pela cidade, resultara do costume de circundar toda casa com um jardim separado. A ampla rua principal, na qual Aph-Lin morava, expandia-se em um vasta praça, onde se situava o Colégio dos Sábios e todos os escritórios públicos; uma fonte magnífica do fluido luminoso que eu chamo nafta (sou ignorante de sua real natureza) no centro. Todos esses edifícios públicos têm uma característica uniforme de grandiosidade e solidez. Eles me lembravam das pinturas de arquitetura de Martin. Ao longo dos andares superiores havia um balcão, ou melhor, um jardim suspenso, sustentado por colunas, cheios de plantas com flores, e habitado por muitos tipos de dóceis pássaros. Da praça saíam muitas ruas, todas amplas e lindamente iluminadas e subindo às áreas mais altas em ambos os lados. Em minhas excursões pela cidade nunca me foi permitido ir sozinho; Aph-Lin ou sua filha eram minha companhia habitual. Nesta comunidade a Gy adulta é vista andando com qualquer An jovem de forma tão familiar como se não houvesse diferença de sexo.

As lojas de varejo não são muito numerosas; as pessoas que atendem os clientes são todas crianças de várias idades e extremamente inteligentes e corteses, mas sem o menor toque de inoportunidade ou adulação. O lojista, propriamente dito, poderia ou não estar à vista; quando à vista, parecia raramente estar trabalhando em qualquer assunto ligado com sua atividade profissional; e, ainda assim, entrara naquele negócio por predileção especial, e independente de suas fontes gerais de fortuna. Alguns dos mais ricos cidadãos na comunidade mantinham tais lojas. Como eu disse antes, nenhuma diferença de nível é reconhecível e, portanto, todas as ocupações têm a mesma condição social. Um An , de quem eu comprei minhas sandálias, era o irmão do Tur, ou magistrado chefe; e embora sua loja não fosse maior que a de qualquer sapateiro em Bond Street ou Broadway, dizia-se que ele era duas vezes mais rico que o Tur, que morava em um palácio. Ele tinha, entretanto, uma mansão no campo.

Os Ana da comunidade são, no geral, um conjunto indolente de seres, depois da ativa infância. Seja por temperamento ou filosofia, eles repousam entre as principais bênçãos da vida. De certo, quando você tira de um ser humano os incentivos à ação que são encontradas na cupidez ou ambição, me parece não surpreender que ele descanse tranquilo.

Nos seus movimentos comuns eles preferem o uso dos pés ao de suas asas. Mas para seus esportes ou (para satisfazer-se com um nítido erro de uso de termos) seus passeios públicos, eles empregam o último; também para as danças aéreas que descrevi, bem como para visitar os campos, que são localizados na maioria em elevadas alturas; e, quando ainda jovens, eles preferem as asas para viajar para outras regiões dos Ana, ao invés de transporte veicular.

Aqueles que se acostumam ao vôo podem voar, se menos rapidamente que alguns pássaros, ainda assim de quarenta a quarenta e cinco quilômetros por hora e manter essa velocidade por cinco ou seis horas contínuas. Mas os Ana geralmente, ao alcançar a meia idade, não gostam muito de movimentos rápidos que requerem violento exercício. Talvez por essa razão, como eles mantém uma doutrina que nossos próprios médicos sem dúvida aprovarão – ou seja, que transpiração regular pelos poros da pele é essencial à saúde, eles habitualmente usam os banhos de transpiração a que nós damos o nome de turco ou romano, sucedido de duchas de águas perfumadas. Eles têm grande fé na saudável virtude de certos perfumes.

É seu costume, também, em definidos mas raros períodos, talvez quatro vezes por ano quando saudáveis, usar um banho carregado com vril. Eles consideram que este fluído, cuidadosamente usado, é um grande sustentador de vida; mas usado em excesso, quando em estado normal de saúde, tende a reação e exaustão da vitalidade. Para quase todas suas doenças, no entanto, eles recorrem a ele como o principal auxiliar da natureza para livrar-se das queixas.

A seu próprio modo eles são o mais luxuoso dos povos, mas todos os seus luxos são inocentes. Pode-se dizer que eles vivem em um ambiente de música e fragrância. Todo aposento tem seus próprios equipamentos mecânicos para sons melodiosos, normalmente entoados como notas murmurantes suaves, que parecem doces suspiros de espíritos invisíveis. Eles estão tão acostumados a esses agradáveis sons que não os acham um estorvo para conversação nem, quando sozinhos, para reflexão. Acreditavam que respirar um ar cheio de melodia contínua e perfume tem necessariamente um efeito relaxante e de elevação sobre a formação do caráter e hábitos de pensamento. Equilibrados, e com total abstinência de outra comida animal que não leite, e de todas as bebidas tóxicas, eles são delicados e refinados ao extremo na comida e bebida; e em todos os seus esportes até os velhos exibem uma alegria infantil. Felicidade é o fim que eles almejam, não como o excitamento de um momento, mas como a condição predominante de sua existência inteira; e atenção à felicidade de cada um é evidenciada pela requintada amenidade de seus modos.

Sua conformação do crânio tem diferença de qualquer raça conhecida no mundo da superfície, embora eu não possa deixar de achar isso um desenvolvimento no curso de incontáveis eras, do tipo braquicéfalo da idade da pedra em *Elements of Geology*, cap. X, p. 113, de Lyell, comparado com o tipo dolicocéfalo do começo da idade do ferro, chegando àquele agora tão predominante entre nós, e chamado tipo celta. Ele tem a mesma proeminência comparativa da testa, não recuando como o celta – a mesma redondeza nos órgãos frontais; mas é muito mais elevado no ápice, e muito menos pronunciado no hemisfério craniano posterior, onde frenologistas colocam os órgãos animais. Para falar como um frenologista, o crânio comum aos Vril-ya tem os órgãos de peso, número, tom, forma, ordem e causalidade altamente desenvolvidos; de construção muito mais pronunciada que o ideal. Aqueles que são chamados de órgãos morais, como consciência e benevolência, são incrivelmente completos; sensualidade e combatividade são ambos pequenos; tenacidade, grande; o órgão da destruição (i.e. de determinada remoção de obstáculos intervenientes) imensa, mas menos que aquele da benevolência; e sua descendência toma mais o caráter de compaixão e ternura às coisas que precisam de ajuda ou proteção que o amor animal da prole. Eu nunca encontrei uma pessoa deformada ou desfigurada. A beleza de suas expressões não é apenas da simetria de feições, mas uma suavidade da pele, que continua sem linhas ou rugas até idades extremamente avançadas, e uma serena doçura de expressão, combinada com aquela majestade que parece vir da consciência do poder e liberdade de todo terror, físico ou moral. É aquela doçura, combinada com esta majestade, que inspira em um observador como eu, acostumado a lutar com as paixões da humanidade, um sentimento de humilhação, de estupefação, de medo. É uma expressão que um pintor poderia dar a um semideus, um gênio, um anjo. Os homens de Vril-ya são totalmente imberbes; as Gy-ei, na velhice, desenvolvem um pequeno bigode.

Fiquei surpreso ao descobrir que a cor da pele deles não era uniformemente aquela que eu havia comentado, naqueles indivíduos que eu encontrei primeiro – alguns seres são muito mais claros, e até com olhos azuis e cabelo de um profundo castanho dourado, embora ainda de complexão mais amigável ou mais rica em tom que pessoas do norte da Europa.

Foi-me dito que essa mistura de cores veio de casamentos com outras e mais distantes tribos de Vril-ya que, seja por acidentes climáticos ou antiga distinção de raça, eram de matizes mais claras que as tribos das quais esta comunidade se formou. Considerava-se que a pele vermelho-escura mostrava a mais antiga família dos Ana; mas eles não desenvolveram nenhum sentimento de orgulho por aquela antiguidade e, ao contrário, acreditavam que sua presente excelência de estirpe vinha de frequente cruzamento com outras famílias diferentes, mas ainda similares; e eles encorajavam tais casamentos, contanto que sempre fosse com nações Vril-ya. Nações que não tinham os modos e instituições dos Vril-ya, nem capazes de adquirir os poderes sobre as funções do vril que levara gerações para eles atingirem, eram considerados com mais desdém que cidadãos de Nova York consideram os negros.

Fiquei sabendo de Zee, que tinha mais conhecimento em todos os assuntos que qualquer homem com quem eu tive conversas mais aprofundadas, que a superioridade dos Vril-ya provavelmente originou-se na intensidade de suas antigas lutas contra obstáculos na natureza nas localidades onde eles primeiro se assentaram.

– Onde quer que aconteça esse antigo processo na história da civilização – disse Zee, moralizando –, no qual a vida se transforma em luta, no qual o indivíduo tem que fazer uso de todos seus poderes para competir com seu companheiro, invariavelmente encontramos esse resultado – qual seja, desde que na competição um grande número deve perecer, a natureza seleciona para preservação apenas as espécies mais fortes. Com nossa raça, portanto, mesmo antes da descoberta do vril, apenas as mais altas organizações foram preservadas; e há entre nossos antigos livros uma lenda, muito popular, de que nós fomos tirados de uma região que parece ser o mundo de onde você veio, para aperfeiçoar nossa condição e atingir a maior pureza de nossa espécie pela severidade das lutas pelas quais nossos antepassados tiveram que passar; e que, quando nossa educação tornar-se finalmente completa, estamos destinas a retornar ao mundo da superfície e suplantar todas as raças inferiores agora lá existentes.

Aph-Lin e Zee frequentemente conversavam comigo, em particular sobre condições políticas e sociais daquele mundo da superfície, do qual Zee tão filosoficamente acreditava que os habitantes deveriam ser exterminados mais cedo ou mais tarde, pelo advento de Vril-ya. Eles encontravam em meus relatos – nos quais eu continuava a fazer tudo que podia (sem lançar falsidades que seriam facilmente detectadas pela sagacidade de meus ouvintes) para apresentar nossos poderes e nós mesmos do mais lisonjeiro ponto de vista, eternos sujeitos de comparação entre nossas mais civilizadas populações e as mais vis raças subterrâneas que eles consideravam, de forma desesperançada, mergulhada no barbarismo e fadadas à gradual e certa extinção. Mas ambos desejavam esconder de suas comunidades toda abertura prematura para as regiões iluminadas pelo sol; ambos eram humanos, e evitavam o pensamento de aniquilar tantos milhões de criaturas; e os desenhos que fiz de nossa vida, altamente coloridos como eram, os entristeceram. Em vão me vangloriei de nossos grandes homens – pcetas, filósofos, oradores, generais – e desafiei Vril-ya a produzir seus equivalentes.

– Pena! – disse Zee, sua linda face se adoçando com uma compaixão angelical – essa predominância de poucos sobre muitos é o mais certo e fatal sinal de uma raça incorrigivelmente selvagem. Você não vê que a condição primária de felicidade mortal consiste na extinção daquela disputa e competição entre indivíduos que, não importa qual forma de governo adotem, submete muitos a se subordinarem a poucos, destrói a real liberdade do indivíduo, qualquer que possa ser a liberdade nominal do estado, e anula aquela calma de existência, sem a qual a felicidade, mental ou fisicamente, não pode ser obtida? Nossa noção é que quanto mais pudermos assimilar a existência que nossas mais nobres ideias podem conceber como a dos espíritos do outro lado do túmulo, mais nos aproximamos de uma felicidade divina aqui, e mais facilmente vamos para as condições do ser após a morte. Pois, certamente, tudo que podemos imaginar da vida dos deuses, ou dos abençoados imortais, supõe a ausência de preocupações e paixões contenciosas, tais como avareza e ambição. Parece-nos que deve ser uma vida de tranquilidade serena, certamente não sem ocupações ativas intelectuais ou espirituais, mas ocupações, de qualquer natureza que seja, compatíveis com as idiossincrasias de cada um, não forçadas e repugnantes – uma vida abrilhantada pela troca irrestrita de gentis afeições, na qual a atmosfera moral mata completamente o ódio e a vingança, a disputa e a rivalidade. Assim é o estado político que todas as tribos e famílias dos Vril-ya procuram atingir, e em direção a esse objetivo todas nossas teorias de governo são modeladas. Veja quão completamente oposto é tal progresso àquele das nações não civilizadas das quais você veio, e que almejam uma perpetuação sistemática de problemas, preocupações e paixões conflituosas, agravadas mais e mais conforme seu progresso é levado adiante. A mais poderosa de todas as raças além das fronteiras de Vril-ya se considera a melhor governada de todas as sociedades políticas, e ter alcançado o fim supremo ao qual a sabedoria política pode chegar, de tal maneira que as outras nações deveriam tender mais ou menos a copiá-la. Ela estabeleceu, na sua mais ampla base, o Koom-Posh – ou seja, o governo dos ignorantes sobre o princípio de serem os mais numerosos. Colocou a suprema felicidade na disputa uns com os outros por todas as coisas, de tal forma que as paixões maldosas nunca estão em repouso – disputa pelo poder, pela riqueza, pela eminência de algum tipo; e nessa rivalidade é horrível escutar as críticas ferozes, as injúrias e calúnias com as quais até o melhor e mais brando entre eles cobre os outros sem remorso ou vergonha.

– Alguns anos atrás – disse Aph-Lin –, eu visitei esse povo, e sua miséria e degradação eram as mais aterradoras, porque eles estavam sempre se vangloriando de sua felicidade e grandeza comparadas com o resto de sua espécie. E não há esperança de que esse povo, que evidentemente lembra o teu próprio, possa melhorar, porque todas suas noções tendem a maior deterioração. Eles desejam aumentar seus domínios mais e mais, contrariando a verdade de que é impossível assegurar a uma extensa comunidade a felicidade própria de uma família bem ordenada; e quanto mais eles amadurecem um sistema no qual poucos indivíduos são inflados acima da fragilidade de milhões, mais ele riem e exigem, e gritam: "Vejam que grandes exceções à pequeneza de nossa raça; nós provamos os excelentes resultados de nosso sistema!".

— De fato — retomou Zee —, se a sabedoria da vida humana for se aproximar da serena igualdade dos imortais, pode não haver vôo mais direto para a direção oposta que um sistema que almeja levar ao extremo as desigualdades e turbulências dos mortais. Nem vejo como, por qualquer forma de crença religiosa, mortais agindo assim poderiam apreciar as alegrias dos imortais, as quais eles ainda esperam atingir pelo mero ato de morrer. Ao contrário, mentes acostumadas a colocar a felicidade em coisas tão contrárias ao divino achariam a felicidade dos deuses excessivamente enfadonha e desejariam voltar para um mundo no qual eles poderiam brigar entre si.

Capítulo 16

Falei tanto do ca:ado vril que o leitor deve esperar que eu o descreva. Isto não posso fazer de forma precisa, pois nunca me foi permitido manuseá-lo pelo medo de algum terrível acidente ocasionado pela minha ignorância de seu uso. Ele é oco e tem no cabo muitas travas, chaves e molas pelas quais sua força pode ser alterada, modificado ou direcionada – de tal forma que por um processo ele destrói, por outro ele cura – por um ela pode estourar uma rocha, por outro dispersar o vapor – por um afetar corpos, por um outro pode exercer uma certa influência sobre as mentes. É usualmente carregado no tamanho conveniente de uma bengala, mas tem peças corrediças que podem ser encompridadas ou encurtadas, conforme a vontade. Quando usado para propósitos especiais, a parte superior cabe na palma da mão, com os dedos indicadores e médios estendidos. Foi-me assegurado, no entanto, que seu poder não era igual no todo, mas proporcional a certas propriedades do vril no uso, afinidade ou identificação com os propósitos, para ser eficaz. Alguns eram mais potentes para destruir, outros para curar, etc; muito dependia também da calma e sensatez de vontade no manipulador. Eles afirmam que o pleno exercício do poder do vril só pode ser alcançado por uma índole saudável – ou seja, pela organização hereditariamente transmitida – e que uma menina de quatro anos pertencendo às raças Vril-ya pode executar façanhas com o bastão colocado pela primeira vez em sua mão, que uma vida inteira de prática não habilitaria o mais forte e qualificado mecânico, nascido fora dos limites de Vril-ya, a alcançar. Todos esses bastões não são igualmente complicados; aqueles confiados às crianças são muito mais simples que os carregados pelos sábios de ambos sexos, e construídos com vistas ao especial objetivo nos quais as crianças são empregadas; que, como eu disse antes, estão entre as crianças mais novas as mais destrutivas. Nos bastões de esposas e mães a força destruidora é normalmente retirada, mas seu maquinário é tão requintado quanto seus efeitos são maravilhosos.

Devo dizer, no entanto, que essas pessoas inventaram certos tubos pelos quais o fluído vril pode ser conduzido em direção ao objeto a que se destina destruir, através de uma distância quase infinita; no mínimo eu coloco modestamente essa distância entre 800 e 1000 kilômetros. E sua ciência matemática aplicada a tal propósito é tão altamente precisa que, sob o relatório de algum observador em um barco voador, qualquer membro do departamento vril pode estimar exatamente a natureza dos obstáculos, a altura que o instrumento deve ser levantado e o quanto ele deve ser carregado para reduzir a cinzas, dentro de um tempo muito curto para eu me aventurar a especificar, uma cidade duas vezes maior que Londres.

Certamente esses Ana são mecânicos maravilhosos – maravilhosos pela adaptação da capacidade inventiva para usos práticos.

Eu fui com meu anfitrião e sua filha Zee ao grande museu público, que ocupa uma ala no Colégio dos Sábios e no qual estão entesouradas curiosas espécies das experiências erradas de tempos antigos, muitas invenções das quais nós nos orgulhamos como sendo realizações recentes. Em um departamento , descuidadamente jogados como trastes velhos, estão tubos para destruição de vidas por bolas metálicas e um pó inflamável, nos princípios de nossos canhões e catapultas e, ainda assim, mais mortíferos que nossos mais recentes melhoramentos.

Meu anfitrião falou deles com um sorriso de contentamento, tal como um oficial da artilharia poderia rir para os arcos e flechas dos chineses. Em outro departamento havia modelos e veículos e navios movidos a vapor, e um balão que poderia ter sido construído por Montgolfier.

– Essas coisas – disse Zee, com um ar de sabedoria meditativa – eram as bobagens ineficazes com a natureza de nossos selvagens ancestrais, antes que eles tivessem até mesmo um lampejo de percepção das propriedades do vril.

Esta jovem Gy era uma espécie magnífica de força muscular que as mulheres de seu país alcançam. Suas características eram bonitas, como aquelas de todas de sua raça; nunca no mundo da superfície eu tinha visto um rosto tão esplêndido e tão impecável, mas sua devoção aos estudos mais severos havia dado à sua aparência uma expressão de pensamento abstrato que causava uma certa austeridade quando em repouso; e tal austeridade tornava-se formidável quando observada em conexão com seus largos ombros e elevada estatura. Ela era alta até mesmo para uma Gy, e eu a vi erguer um canhão tão facilmente quanto eu poderia erguer uma pistola de bolso. Zee me inspirava um profundo terror – um terror que cresceu quando fomos a um departamento do museu apropriado para modelos de aparelhos movidos pelas funções do vril; pois aqui, meramente por um certo manuseio de seu cajado vril, ela se posicionando a uma certa distância, colocou em movimento grandes e pesadas substâncias. Ele parecia dotá-las de inteligência e fazê-las compreender e obedecer a seu comando. Colocou em movimento peças complicadas de maquinaria, travando o movimento ou continuando o mesmo até que, dentro de um incrível curto período de tempo, vários tipos de matéria-prima eram transformados em simétricas peças de arte, completas e perfeitas. O que quer que produzisse efeitos de mesmerismo ou eletrobiologia sobre os nervos e músculos de objetos animados, esta jovem Gy produzia pelos movimentos de seu delgado bastão sobre as molas e rodas de mecanismos inanimados.

Quando mencionei aos meus companheiros meu espanto sobre essa influência sobre matéria inanimada – enquanto admitia que em nosso mundo eu havia testemunhado fenômenos que mostravam que sobre certas organizações vivas certas outras organizações vivas podiam estabelecer uma influência genuína, mas frequentemente exagerada pela credulidade ou astúcia – Zee, que era mais interessada em tais assuntos que seu pai, me convidou a esticar a mão e, então, colocando a sua própria ao lado dela, chamou minha atenção a certas distinções de tipo e características. Em primeiro lugar, o polegar de uma Gy (e, como percebi depois, de todo aquela raça, homem ou mulher) era muito maior, mais longo do que é encontrado em nossa espécie sobre a terra. Há uma diferença nisso quase tão grande quanto a diferença entre o polegar de um homem e o de um gorila. Em segundo lugar, a palma é proporcionalmente mais grossa que as nossas – a textura da pele infinitamente mais delicada e suave – mais quente, em média. Mais impressionante que tudo isso é um nervo visível, perceptível sob a pele, que começa do pulso, próximo ao fim do polegar, e se ramificando, como um garfo, nas raízes dos dedos indicadores e médios.

– Com sua delicada formação do polegar – disse a filosófica jovem Gy – e com a ausência do nervo que você encontra mais ou menos desenvolvido nas mãos de nossa raça, você não pode nunca alcançar nada além de imperfeito e fraco poder sobre as funções do vril; mas no que tange ao nervo, não é encontrado nas mãos de nossos mais antigos ancestrais nem nas das tribos mais rudes fora de Vril-ya. Tem sido desenvolvido lentamente no curso de gerações, começando nas mais antigas realizações e aumentando com o contínuo exercício da força do vril; portanto, no curso de um ou dois mil anos tal nervo possa ser possivelmente reproduzido nos maiores seres de sua raça, que se devotam àquela suprema ciência através da qual é obtido comando sobre todas as sutis forças da natureza permeadas pelo vril. Mas você fala de matéria como algo por si só inerte e sem movimento; seus pais e professores certamente não podem deixar você tão ignorante a ponto de não saber que nenhuma forma de matéria é sem movimento e inerte; toda partícula está constantemente em movimento e constantemente agindo sobre propriedades das quais o calor é a mais aparente e rápida, mas o vril é a mais sutil e, quando habilmente manejada, a mais poderosa. De tal forma que, de fato, a corrente lançada pela minha mão e guiada pela minha vontade torna mais rápida e mais potente a ação que está eternamente trabalhando sobre toda partícula de matéria, por mais inerte e inflexível possa parecer. Se uma pilha de metal não for capaz de originar um pensamento por si mesma, ainda assim, através de sua suscetibilidade ao movimento, ela obtém o poder de receber o pensamento do agente intelectual que trabalha sobre ela; e, quando carregada com uma força suficiente do poder do vril, é compelida a obedecer como se fosse deslocada por uma força física visível. É animada, na sequência, pela alma nela assim infundida, de tal forma que alguém pode quase dizer que ela vive e pensa. Sem isto nós não poderíamos fazer nossos

Edward George Bulwer-Lytton

autômatos trabalharem como empregados.

Eu estava estupefato com a força e sabedoria da jovem Gy para arriscar discutir com ela. Li em algum lugar nos meus tempos de escola que um homem sábio, disputando com um imperador romano, repentinamente voltou atrás; e quando o imperador perguntou a ele se ele não tinha nada mais a dizer a seu favor, respondeu: "Não, César, não há argumento contra um pensador que comanda vinte e cinco legiões".

Embora eu acreditasse secretamente que o que quer fossem os reais efeitos do vril sobre a matéria poderiam ser mostrados pelo Sr. Faraday como sendo uma filosofia muito superficial quanto a sua extensão e causa, eu não tinha dúvida que Zee poderia estourar a cabeça dos membros da Royal Society, um após o outro, com um sopro de seu punho. Todo homem sensato sabe que é inútil discutir com qualquer mulher comum sobre assuntos que ele compreende; mas discutir com uma Gy de dois metros de altura sobre os mistérios do vril é como brigar no deserto no meio de uma tempestade!

Entre os vários departamentos que o vasto prédio do Colégio dos Sábios incluía, aquele me mais me interessou era devotado à arqueologia dos Vril-ya, e continha uma coleção muito antiga de figuras. Neles, os pigmentos e esquemas empregados eram de uma natureza tão durável que até figuras que se dizia executadas em datas tão remotas como as dos antigos anais dos chineses, mantinham muita frescura de cor. Ao examinar essa coleção, duas coisas especiais me chamaram a atenção – primeiro, que as figuras consideradas como de seis a sete mil anos de idade eram de um nível artístico muito mais alto que qualquer outra produzida nos últimos três ou quatro mil anos; e, segundo, que as figuras do período anterior em muito lembravam nosso próprio mundo da superfície, e tipos europeus. Alguns deles, com certeza, me lembravam as cabeças italianas que olham das telas de Ticiano – falando de ambição ou malícia, de cuidado ou desgraça, com sulcos nos quais as paixões passaram com lâminas de ferro. Estas eram as expressões de homens que tinham vivido em luta e conflito antes que a descoberta das forças latentes do vril tivessem mudado a característica da sociedade – homens que tinham lutado entre si por poder ou fama, como nós lutamos em nosso mundo.

O tipo de rosto começou a evidenciar uma mudança marcante aproximadamente mil anos depois da revolução do vril, tornando-se, então, a cada geração, mais sereno, e nessa serenidade, mais terrivelmente distinto dos rostos dos homens trabalhadores e pecadores; enquanto a beleza e a grandeza da expressão tornou-se mais completamente desenvolvida, a arte do pintor se tornou mais sem graça e monótona.

Mas a maior curiosidade na coleção era a dos três retratos pertencentes à era pré-histórica e, de acordo com a tradição mítica, feitas por ordem de um filósofo, cuja origem e atributos foram misturadas com lendas simbólicas, como aquelas do Buda indiano ou do Prometeu grego.

Nessa misteriosa personagem, um sábio e um herói, todos os principais ramos da raça Vril-ya fingem ter uma origem comum.

Os retratos são do próprio filósofo, de seu avô e bisavô. São todos em tamanho real. O filósofo está trajando uma longa túnica que parece formar uma vestimenta solta, uma armadura com escamas tiradas, talvez, de algum peixe ou réptil, mas os pés e as mãos estão expostos; os dedos em ambos são maravilhosamente longos e unidos por membranas. Ele tem um pescoço pequeno ou não perceptível e uma testa baixa e recuada, de forma alguma o ideal para um sábio. Tem brilhantes e proeminentes olhos castanhos, uma boca bastante larga e maçãs do rosto salientes e uma obscura complexão. De acordo com a tradição, esse filósofo viveu em uma era patriarcal, que se estendeu por muitos séculos, e ele lembrava distintamente na meia idade seu avô e na infância seu bisavô; o retrato do primeiro que ele tinha feito, ou feito por outro, foi quando o mesmo ainda estava vivo, enquanto o último foi feito de sua efígie em múmia. O retrato do avô tinha as características e aspecto do filósofo, só que muito mais exagerados; ele não estava vestido e a cor de seu corpo era singular; o peito e barriga amarelos; os ombros e pernas de um tom pesado de bronze; o bisavô era de um magnífico espécime do gênero batráquio, um Sapo Gigante, pura e simplesmente.

Entre os ditados principais que, de acordo com a tradição, o filósofo legou à posteridade em forma rítmica e brevidade lacônica, esta está notavelmente gravada: "Humilhem-se, meus descendentes; o pai de sua raça era um girino; exaltem-se, meus descendentes, pois foi o mesmo Pensamento Divino que criou seu pai que se desenvolve ao exaltar vocês".

Aph-Lin me contou esta fábula enquanto eu olhava os três

Edward George Bulwer-Lytton

retratos de batráquios. Eu disse em retorno:

– Você faz piada de minha suposta ignorância e credulidade como um Tish não educado, mas embora estes horríveis borrões possam ser de grande antiguidade, e de fato eram, tavez, por alguma rude caricatura, eu presumo que nenhum de sua raça, mesmo nas menos cultas eras, alguma vez acreditou que o bisneto de um sapo se tornou um conceituado filósofo; ou que qualquer ramo, não direi dos elevados Vril-ya, mas das variedades mais inferiores da raça humana, tenha sua origem em um girino.

– Perdoe-me – respondeu Aph-Lin –, no que chamamos Período Histórico da Disputa ou Filosófico, que estava em seu auge há cerca de sete mil anos atrás, havia um naturalista muito proeminente que provou para a satisfação de numerosos discípulos a concordância analógica e anatômica em estrutura entre um An e um Sapo, para mostrar que de um deve ter se desenvolvido o outro. Eles tinham algumas doenças em comum; eles eram sujeitos aos mesmos vermes parasitas nos intestinos; e, estranho dizer, o An tem, em sua estrutura, vesícula, sem uso para ele agora, mas que é um indício que claramente prova sua descendência de um Sapo. Nem há nenhum argumento contra esta teoria encontrado na diferença relativa de tamanho, pois há ainda em nosso mundo sapos de tamanho e estatura não inferior à nossa própria, e muitos milhares de anos atrás eles pareciam ser ainda maiores.

– Eu entendo – disse eu – porque sapos assim enormes são, de acordo com nossos eminentes geólogos, que talvez os viram em sonhos, considerados como notáveis habitantes do mundo da superfície antes do Dilúvio; e tais sapos são as criaturas prováveis a prosperar nos lagos e pântanos de suas regiões subterrâneas. Mas, por favor, prossiga.

– No Período da Disputa, qualquer coisa que um sábio dissesse, um outro sábio certamente contradizia. De fato, era uma máxima naquele tempo que a razão humana só podia ser sustentada no alto sendo sacudida de um lado para outro no eterno movimento da contradição; e, portanto, um outro séquito de filósofos mantinha a doutrina de que o An não era descendente do Sapo, mas que o Sapo era claramente o desenvolvimento melhorado do An; A forma do Sapo, no geral, era muito mais simétrica que de um An; junto da bonita conformação de seus membros inferiores, seus flancos e ombros, a maioria dos Ana naquele tempo eram quase deformados e, certamente, doentiamente formado. O Sapo tinha o poder de viver igualmente na terra e na água – um poderoso privilégio, partilhando de uma essência espiritual negada ao An, já que o desuso de sua vesícula claramente prova sua degeneração de um desenvolvimento maior de espécie. As antigas raças dos Ana parecem ter sido cobertas de pelos e, até uma data relativamente recente, pelos deformavam o próprio rosto de nossos ancestrais, se espalhando de forma selvagem sobre suas bochechas e queixos, assim como, meu pobre Tish, se espalham pelos seus. Mas o objetivo das mais altas raças dos Ana através de incontáveis gerações tem sido apagar todo vestígio de conexão com vertebrados peludos, e eles tem gradualmente eliminado a degradante capilaridade pela lei da seleção sexual; as Gy-ei naturalmente preferem juventude ou a beleza de rostos suaves. Mas o grau do Sapo na escala dos vertebrados é mostrado pelo fato de que ele não tem nenhum pelo, nem mesmo na cabeça. Ele nasceu na perfeição sem pelo, que o mais bonito dos Ana, a despeito da cultura de eras incalculáveis, não atingiu ainda. A maravilhosa complexidade e delicadeza do sistema nervoso e circulação arterial de um Sapo eram mostradas por essa escola serem mais suscetíveis à alegria que nossa inferior, ou ao menos mais simples, estrutura física nos permite ser. O exame da mão de um Sapo, se posso usar essa expressão, explicava sua aguçada susceptibilidade ao amor e à vida social em geral. De fato, gregários e amorosos como são os Ana, Sapos são ainda mais. Em resumo, essas duas escolas entraram em conflito; uma afirmando ser o An o tipo de Sapo aperfeiçoado; a outra que o Sapo era o mais alto desenvolvimento do An. Os moralistas estavam divididos em opinião com os naturalistas, mas a maior parte deles se alinharam com a escola favorável ao Sapo. Eles diziam, com muita plausibilidade, que na conduta moral (a saber, na adesão às regras melhor adaptadas à saúde e bem-estar do indivíduo e da comunidade) não haveria dúvida da enorme superioridade do Sapo. Toda a história mostrava a enorme imoralidade da raça humana, o completo desrespeito, até pelos mais renomados entre eles, às leis que eles reconheceram ser essenciais para sua felicidade e bem-estar próprio e geral. Mas a mais severa crítica da raça Sapo não poderia detectar em suas maneiras um único desvio da lei moral tacitamente reconhecida por eles mesmos. E o que, no final das contas, pode ser o lucro de uma civilização se a superioridade da conduta moral não for o objetivo pelo qual ela luta, e o teste pelo qual seu progresso

Edward George Bulwer-Lytton

possa ser julgado?

Os adeptos desta teoria presumiam que em algum período remoto a raça Sapo havia sido o desenvolvimento melhorado dos humanos; mas que, por razões que desafiam conjecturas racionais, eles não mantiveram sua posição original na escala da natureza; enquanto os Ana, apesar da organização inferior, tinham, menos pela força de suas virtudes que de seus vícios, tal como ferocidade e astúcia, gradualmente adquirido predomínio, como têm feito as tribos totalmente bárbaras da raça humana, pela predominância de vícios similares. Infelizmente estas disputas envolveram noções religiosas daquele tempo; e como a sociedade era então administrada pelo governo dos Koom-Posh, que, sendo os mais ignorantes, eram obviamente a classe mais inflamável – o povo tirou das mãos dos filósofos tal discussão; chefes políticos viram que a disputa sobre o Sapo, então espalhada pelo povo, poderia se tornar um instrumento de grande valor para suas ambições; e por não menos que mil anos guerra e massacre imperaram, período durante o qual os filósofos de ambos os lados foram massacrados e o governo dos Koom-Posh foi felizmente encerrado pela ascendência de uma família que claramente estabeleceu sua descendência dos girinos nativos e forneceu despóticos governantes às várias nações dos Ana. Esses déspotas finalmente desapareceram, ao menos de nossas comunidades, visto que a descoberta do vril levou às tranquilas instituições sob as quais florescem todas as raças de Vril-ya.

– E não existem contendores ou filósofos agora para reviver a disputa, ou todos eles reconhecem a origem de sua raça no girino?

– Não, tais disputas – disse Zee, com um sorriso orgulhoso – pertencem ao Pah-bodh dos tempos negros e agora servem apenas para diversão de crianças. Quando sabemos os elementos de que nossos corpos são compostos, elementos comuns ao mais simples vegetal, pode significar que o Todo-Sábio combinou esses elementos de uma forma para outra para criar aquela na qual Ele colocou a capacidade de ter a concepção d'Ele e todas as variadas dimensões do intelecto que essa concepção faz surgir. O An, na verdade, começou a existir como um An com o surgimento dessa capacidade, e com essa capacidade, o senso para reconhecer que, embora através de incontáveis eras sua raça pode melhorar em sabedoria, não pode nunca combinar os elementos ao seu comando na forma de um girino.

— Você falou bem, Zee – disse Aph-Lin – e é o bastante para nós mortais de curta vida sentirmos uma razoável certeza de que se a origem do An foi um girino ou não, não é mais provável que ele se transforme em girino novamente do que as instituições do Vril-ya venham a ter uma recaída e trazer de volta situações difíceis e certos conflitos sem sentido de um Koom-Posh.

Capítulo 17

Os Vril-ya, sendo privados de toda visão dos corpos celestes e não tendo nenhuma outra diferença entre noite e dia além daquela que eles julgam conveniente fazer para eles – obviamente não têm em sua divisão de tempo o mesmo processo que nós temos; mas achei fácil, com a ajuda de meu relógio, que eu afortunadamente tinha comigo, computar seu tempo com grande precisão. Reservo para um futuro trabalho sobre a ciência e literatura dos Vril-ya caso eu viva para completá-lo, todos os detalhes quanto à maneira que eles conseguem sua notação de tempo; e me contento aqui em dizer que, em termos de duração, seu ano difere muito levemente do nosso, mas que as divisões de seu ano não são de forma alguma as mesmas. Seu dia (incluindo o que chamamos noite) consiste de vinte horas de nosso tempo, ao invés de vinte e quatro e, obviamente, seu ano compreende o aumento correspondente em número de dias pelo qual é somado. Eles subdividem as vinte horas de seus dias assim: oito horas, chamadas de "Horas Silenciosas", para repouso; oito horas, chamadas "Horas Ativas", para as atividades e ocupações da vida; e quatro horas, chamadas "Horas Sociais" (com as quais o que eu chamo de dia termina), destinadas a festividades, esporte, recreação ou conversa familiar, de acordo com seus muitos gostos e inclinações. Mas, na verdade, em áreas abertas não há noite.

Eles mantêm, tanto nas ruas como nas áreas adjacentes, até os limites de seu território, o mesmo grau de luz em todas as horas. Apenas em ambientes fechados eles o abaixam para um suave crepúsculo durante as Horas Silenciosas. Eles têm um grande horror da escuridão completa e suas luzes nunca são totalmente apagadas. Em ocasiões de festividade eles aumentam a duração de luz total, mas igualmente mantêm distinção entre noite e dia por dispositivos mecânicos que atendem ao propósito de nossos relógios. Eles gostam muito de música; e é com música que esses cronômetros soam a principal divisão de tempo. A cada uma de suas horas, durante seus dias, os sons vindos de todos os relógios em seus prédios públicos ou de aldeias espalhadas entre as paisagens fora da cidade, tem um efeito singularmente doce, e ainda assim, singularmente solene. Mas durante as Horas Silenciosas esses sons são moderados, para serem levemente ouvidos apenas por ouvidos despertos. Eles não têm mudança de estações e, ao menos no território desta tribo, a atmosfera parecia ser estável, quente como no verão italiano e mais úmido que seco; manhãs normalmente muito paradas, mas às vezes invadidas por fortes rajadas das rochas que fazem a fronteira de seus domínios. Mas o tempo é o mesmo para eles para semear ou colher, como nas Ilhas Douradas dos antigos poetas. Ao mesmo tempo em que você vê as plantas mais novas em folha ou botão, você vê as mais velhas em espiga ou fruta. Todas as plantas frutíferas, no entanto, depois de dar frutos, se desfolham ou mudam a cor de suas folhas. Mas o que mais me interessou no cálculo de suas divisões de tempo foi a verificação da duração média de vida entre eles. Descobri rapidamente que excedia consideravelmente o tempo destinado a nós no mundo da superfície. O que é setenta anos para nós, é cem anos para eles. Nem é isso a única vantagem que eles têm sobre nós na longevidade, pois assim como poucos entre nós atingem a idade de setenta, contrariamente, poucos entre eles morrem antes da idade de cem anos; e eles gozam um grau geral de saúde e vigor que faz da vida uma benção até o final. Várias causas contribuíram para esse resultado: a ausência de todos os estimulantes alcoólicos; equilíbrio na comida; mais especialmente, talvez, uma serenidade de mente não perturbada por ocupações que trazem ansiedade e ávidas paixões. Eles não são atormentados por nossa avareza ou nossa ambição; parecem perfeitamente indiferentes até ao desejo de fama; são capazes de grande afei-

Edward George Bulwer-Lytton

ção, mas seu amor se mostra em uma complacência terna e alegre e, enquanto consolidam sua felicidade, raramente, se é que acontece, criam pesares. Como a Gy certamente se casa apenas com quem ela mesma escolheu e aqui, não menos que sobre o solo, é a mulher de quem a felicidade da casa depende; então a Gy, tendo escolhido o parceiro que ela prefere entre todos, é clemente com seus erros, consulta seu humor e faz o melhor para assegurar sua união. A morte de um amado é, obviamente, para eles, como para nós, motivo de tristeza; mas não apenas é a morte para eles tão mais rara antes daquela idade em que se torna uma libertação mas, quando ocorre, o sobrevivente tem muito mais consolo que, creio, a maioria de nós tem, na certeza do reencontro em uma outra e ainda mais feliz vida.

Todos esses motivos, então, concorrem para sua saudável e alegre longevidade, embora, sem dúvida, muito também deve ser devido à organização hereditária. De acordo com seus registros, entretanto, naqueles antigos estágios quando eles viviam em sociedades que lembravam as nossas, agitadas por feroz competição, suas vidas eram consideravelmente mais curtas e suas doenças mais numerosas e graves. Eles mesmos dizem que a duração da vida também aumentou e ainda está em crescimento desde sua descoberta das propriedades revigorante e medicinais do vril, aplicadas com propósitos médicos. Eles têm poucos profissionais e práticos regulares de medicina, e estes são principalmente Gy-ei que, especialmente se viúvas e sem filhos, encontram grande satisfação na arte da cura e até mesmo em fazer operações cirúrgicas nos casos necessários por acidente ou, mais raramente, por doença.

Eles têm suas diversões e entretenimentos e, durante as Horas Sociais do dia, estão habituados a se reunir em grande número para aqueles esportes com asas no ar que já descrevi. Têm, também, salões públicos para música e até teatro, nos quais são apresentadas peças que me parecem lembrar um pouco as peças dos chineses – dramas que se passam em tempos distantes para seus eventos e personagens, nos quais todas as unidades clássicas são violadas de forma ultrajante e o herói em uma cena é uma criança, na próxima é um homem velho, e assim por diante. Essas peças são composições muito antigas. Elas me pareceram muito maçantes no geral, mas eram suavizadas por surpreendentes aparelhos mecânicos e um tipo de sátira humorística e passagens isoladas de grande vigor e poder, expressas em linguagem altamente poética, mas um tanto ou quanto sobrecarregadas com metáforas e figuras de linguagem. Na verdade, elas me pareciam muito o que as peças de Shakespeare pareceriam a um parisiense no tempo de Luís XV ou, talvez, a um inglês no reinado de Charles II.

O público, de que as Gy-ei constituíam a maior parte, parecia gostar enormemente da representação desses dramas o que, para tão calma e majestosa raça de mulheres, me surpreendeu, até eu observar que todos os atores eram mais jovens que adolescentes e imaginei que as mães e irmãs vinham para agradar seus filhos e irmãos.

Eu disse que esses dramas são muito antigos. Nenhuma peça nova, nenhum trabalho imaginativo suficientemente importante para sobreviver até o dia seguinte parece ter sido composto por muitas gerações. De fato, embora não haja falta de novas publicações, e eles têm até o que pode ser chamado de jornal, elas são voltadas principalmente à ciência mecânica, relatos de novas invenções, anúncios referentes a vários detalhes de negócios – em resumo, assuntos práticos. Algumas vezes uma criança escreve uma pequena história de aventura, ou uma jovem Gy expressa suas esperanças amorosas ou medos em um poema; mas essas efusões são de muito pouco mérito e são raramente lidas exceto por crianças e Gy-ei solteiras. Os mais interessantes trabalhos de característica puramente literária são aqueles de explorações e viagens para outras regiões desse mundo subterrâneo, que são geralmente escritos por jovens emigrantes e são lidos com grande avidez pelos familiares e amigos que eles deixaram para trás.

Não pude deixar de expressar para Aph-Lin minha surpresa de que uma comunidade na qual a ciência mecânica fez tão maravilhoso progresso, e na qual a civilização intelectual se atingira aqueles objetivos para a felicidade do povo que os filósofos políticos sobre o solo têm, depois de eras de luta, geralmente concordado em considerar como visões inatingíveis, fosse, no entanto, totalmente despojada de uma literatura contemporânea, a despeito da excelência que a cultura trouxe à linguagem, rica e simples, vigorosa e musical. Meu anfitrião respondeu:

– Você não percebe que uma literatura tal como você diz seria totalmente incompatível com aquela perfeição de felicidade social ou política que você nos dá a honra de pensar que atingimos? Nós finalmente instalamos, após séculos de luta, uma forma de governo com a qual estamos satisfeitos e na qual, como não permitimos nenhuma diferença de posição e nenhuma honra é dada a administradores distinguindo-os de outros, não há estímulo à ambição individual. Ninguém leria trabalhos advogando teorias que envolvessem alguma mudança política ou social e, portanto, ninguém as escreve. Se, de vez em quando, um An se sente insatisfeito com nosso tranquilo modo de vida, ele não o ataca; ele vai embora. Assim, toda aquela parte da literatura (e, julgando pelos antigos livros em nossas bibliotecas, já foi uma grande parte) que se relaciona com teorias especulativas sobre a sociedade se torna totalmente extinta. Antigamente havia uma grande quantidade de obras sobre os atributos e essência do Todo-Bondade, e os argumentos pró e contra um futuro estado; mas agora nós todos reconhecemos dois fatos: que há um Ser Divino e há uma vida futura, e todos igualmente concordamos que se escrevêssemos até cansar, não jogaríamos nenhuma luz sobre a natureza e condições dessa vida futura, ou apressaríamos nossa compreensão dos atributos e essência desse Ser Divino. Assim, uma outra parte da literatura também se extinguiu, felizmente para nossa raça; pois nos tempos quando tanto era escrito sobre assuntos que ninguém poderia descobrir, o povo parecia viver em perpétuo estado de luta e competição. Também uma vasta parte de nossa antiga literatura consiste de registros históricos de guerras e revoluções durante os tempos em que os Ana viviam em grandes e turbulentas sociedades, cada um procurando engrandecimento às custas do outro. Você vê nosso modo sereno de vida agora; assim tem sido por eras. Não temos eventos para relatar. O que mais sobre nós pode ser dito além de que "eles nasceram, eles foram felizes, eles morreram?". Indo para a parte da literatura que está mais sob o controle da imaginação, como o que chamamos de Glaubsila, ou coloquialmente "Glaubs", e você chama poesia, as razões para seu declínio entre nós são óbvias. Nós achamos, no que se refere às grandes obras de arte literária que nós todos ainda lemos com prazer, mas de que ninguém toleraria imitações, que elas consistem no retrato de paixões que nós não mais experimentamos – ambição, vingança, amor desrespeitoso, a sede por um renome guerreiro e coisas do gênero. Os velhos poetas viveram em uma atmosfera impregnada com essas paixões e sentiram o que elas expressavam brilhantemente. Ninguém pode expressar tais paixões agora, pois ninguém pode senti-las ou encontrar qualquer simpatia em seus leitores, caso sentisse. A velha poesia tem um elemento principal em sua dissecação dos complexos mistérios do caráter humano que conduzem a vícios anormais e crimes, ou levam a um aviso e extraordinárias virtudes. Mas nossa sociedade, tendo se livrado de tentações de quaisquer vícios e crimes proeminentes, necessariamente tornou a média moral tão igual que não há nenhuma virtude que se sobressaia. Sem seu antigo sustento de fortes paixões, grandes crimes e excelências heróicas, a poesia está, portanto, se não realmente morta pela fome, reduzida a uma dieta bem pobre. Há, ainda, a poesia de descrição – descrição de rochas, árvores, águas e vida doméstica comum; e nossas jovens Gy-ei tecem muito desse insípido tipo de composição em seus versos de amor.

– Tal poesia – disse eu – poderia certamente ser feita de forma encantadora; e nós temos críticos entre nós que consideram-na um tipo mais elevado do que aquela que retrata crimes ou analisa as paixões do homem. Na verdade, poesia do tipo insípido que você menciona é uma poesia que hoje em dia dispõe de mais leitores que qualquer outra entre as pessoas que deixei sobre o solo.

– Possivelmente; mas então, eu suponho, os escritores trabalham muito a linguagem que empregam e se devotam à cultura e aperfeiçoamento de palavras e ritmos como uma arte?

– Certamente; todos os grandes poetas devem fazer isso. Embora o dom da poesia possa ser nato, o dom requer tanto cuidado para tornar-se disponível quanto um bloco de metal requer para se transformar em um dos seus motores.

– E, sem dúvida, seus poetas têm algum incentivo para realizar todo esse trabalho sobre tal beleza verbal?

– Bem, eu presumo que seus instintos musicais os fariam cantar, como um pássaro; mas cultivar a canção para beleza verbal ou artificial provavelmente precisa uma indução de fora, e nossos poetas a encontram no amor pela fama – talvez, de vez em quando, no desejo de dinheiro.

– Precisamente. Mas em nossa sociedade nós não ligamos fama a nada que o homem, naquele momento de sua duração que é chamada "vida", possa realizar. Nós logo perderíamos aquela igualdade que constitui a essência de nosso bem-estar se selecionássemos qualquer indivíduo para um elogio supremo; elogio supremo conferiria poder supremo e no momento que fosse dado, paixões maldosas, agora adormecidas, acordariam;

Edward George Bulwer-Lytton

outros homens imediatamente cobiçariam o elogio, então traria a inveja, e com a inveja o ódio, e com o ódio, calúnia e perseguição. Nossa história nos mostra que muitos dos poetas e muitos dos escritores que, em tempos antigos, eram favorecidos com os maiores elogios, eram também atacados pela crítica mais cruel e até, no geral, tornaram-se muito infelizes, em parte por causa dos ataques de rivais ciumentos e em parte pela doentia constituição mental que uma sensibilidade adquirida para elogiar e culpar tende a gerar. Quanto ao estímulo do querer: em primeiro lugar, nenhum homem em nossa comunidade conhece o tormento da pobreza; e, em segundo lugar, se conhecesse, quase qualquer ocupação seria mais lucrativa que escrever.

– Nossas bibliotecas públicas contêm todos os livros do passado que o tempo preservou; esses livros, pelas razões acima, são infinitamente melhores do que alguém pode escrever hoje em dia, e elas estão abertas a todos para lerem sem custo. Nós não somos tão tolos para pagar para ler um livro inferior quando podemos ler livros melhores de graça.

– Para nós, novidade tem uma atração; e um livro novo, se ruim, é lido quando um velho livro, embora bom, é desprezado.

– Novidade, para estados bárbaros de sociedade lutando desesperadamente por alguma coisa melhor, tem, sem dúvida, uma atração, negada a nós, que não vemos nada a ganhar em novidades; mas, afinal, é observado por um de nossos grandes autores quatro mil anos atrás que "aquele que estuda velhos livros sempre encontrará neles algo novo, e aquele que lê livros novos sempre encontrará algo velho". Mas para voltar à questão que você levantou, não havendo, então, entre nós nenhum estímulo para um trabalho esmerado, seja pelo desejo da fama ou pela pressão do querer, quem tem temperamento poético, sem dúvida, expressa isso na música, como você diz que o pássaro canta; mas por falta de cultura elaborada perde público e, perdendo público, desaparece entre as diversões comuns da vida.

– Mas como é que esse desencorajamento ao cultivo da literatura não trabalha contra a ciência?

– Sua pergunta me surpreende. A motivação para a ciência é o amor pela verdade separado de toda consideração de fama, e ciência para nós, também, é voltada quase que unicamente para usos práticos, essenciais para a conservação de nossa sociedade e os confortos da vida diária. Nenhuma fama é pedida pelo inventor, e nenhuma é dada a ele; ele gosta de uma ocupação compatível com seus gostos e não precisa do desgaste das paixões. O homem deve exercitar sua mente bem como seu corpo; e exercício contínuo, ao invés de violento, é bom para ambos. Nossos mais engenhosos cultivadores da ciência são, como regra geral, os de vida mais longa e mais saudável. Pintar é uma diversão para muitos, mas a arte não é o que era em tempos antigos, quando os grandes pintores em nossas várias comunidades competiam entre si pelo prêmio de uma coroa dourada, que dava a eles uma posição social igual a dos reis de quem eram súditos. Assim, sem dúvida, você terá observado em nosso departamento arqueológico quão superior na questão artística eram as pinturas muitos milhares de anos atrás. Talvez seja porque a música é, na realidade, mais ligada à ciência do que à poesia que, de todas as artes agradáveis, música é aquela que mais prospera entre nós. Até na música a ausência de estímulo em elogio ou fama serviu para evitar qualquer grande superioridade de um indivíduo sobre outro; e nós nos sobressaímos em música coral, com a ajuda de nossos grandes instrumentos mecânicos, nos quais fazemos muito uso das funções da água, mais do que em cantores individuais. Nós raramente tivemos qualquer compositor original por algumas eras. Nossas árias favoritas são muito antigas em substância, mas têm admitido muitas variações complicadas por inferiores, porém engenhosos músicos.

– Não há nenhuma sociedade política entre os Ana que seja animada por essas paixões, sujeita a esses crimes e que admita aquelas disparidades de condição, intelecto e moralidade que o estado de sua tribo, ou mesmo de Vril-ya em geral, tenha deixado para trás no seu progresso para a perfeição? Se sim, entre tais sociedades talvez a poesia e suas artes irmãs ainda continuem a ser honradas e melhoradas?

– Há tais sociedades em regiões remotas, mas nós não as admitimos dentro dos limites das comunidades civilizadas; nós raramente até damos a eles o nome de Ana e, certamente não, Vril-ya. Eles são bárbaros, vivendo principalmente naquele baixo estágio de ser, Koom-Posh, tendendo necessariamente à sua própria horrível dissolução em Glek-Nas. Sua miserável existência é passada em perpétua luta e perpétua mudança. Quando eles não brigam com seus vizinhos, lutam entre eles mesmos. São divididos em duas facções que abusam, pilham e, às vezes, assassinam, e pelos mais frívolos pontos de diferença, que seriam ininteligíveis para nós se não tivéssemos lido história e visto que nós, também, passamos pelo mesmo antigo estado de ignorância e barbarismo. Qualquer insignificante coisa é motivo para desavença. Eles fingem ser todos iguais e quanto mais eles lutam para isso, removendo todas as antigas distinções e começando novamente, mais evidente e intolerável a disparidade se torna, porque nada nas afeições e associações hereditárias sobrou para amenizar a nua distinção entre os muitos que nada têm e os poucos que têm muito Obviamente os muitos odeiam os poucos, mas sem os poucos eles não poderiam viver. Os muitos estão sempre atacando os poucos; algumas vezes eles exterminam os poucos; mas tão logo eles tenham feito isso, novos poucos aparecem entre os muitos e é mais difícil lidar com eles do que com os velhos poucos. Pois onde sociedades são grandes, e a competição para ter algo é a febre predominante, deve sempre haver muitos perdedores e poucos ganhadores. Em resumo, as pessoas de quem eu falo são selvagens tateando seu caminho na escuridão em direção a alguma centelha de luz e demandariam nossa comiseração por suas fraquezas se, como todos os selvagens, eles não provocassem sua própria destruição por sua arrogância e crueldade. Você pode imaginar que criaturas deste tipo, armadas apenas com miseráveis armas que você pode ver em nosso museu de antiguidades, desengonçados tubos de ferro carregados com pólvora, ameaçaram mais de uma vez com destruição uma tribo Vril-ya que mora perto mais perto deles porque eles dizem que têm trinta milhões de habitantes – e aquela tribo pode ter cinquenta mil – se este último não aceitar suas noções de Soc-Sec (ganha-pão) em alguns princípios comerciais que eles têm o cinismo de chamar de "uma lei da civilização"?

– Mas trinta milhões de habitantes é uma imensa desvantagem contra cinquenta mil!

– Estranho –, disse meu anfitrião, me olhando com espanto – você me ouvir dizer que essa tribo ameaçada pertence a Vril-ya; e ela espera apenas esses selvagens declararem guerra para autorizar meia dúzia de crianças pequenas a varrer sua inteira população.

Com essas palavras eu senti um arrepio de horror, reconhecendo muito mais afinidade com os "selvagens" do que com os Vril-ya e lembrando tudo que eu tinha dito de elogios das gloriosas instituições americanas, que Aph-Lin estigmatizou como Koom-Posh. Recompondo-me, perguntei se havia maneira de eu visitar com segurança esse temerário e remoto povo.

– Você pode viajar com segurança, pelas funções do vril, seja pelo solo ou pelo ar, por toda série de comunidades às quais somos aliadas e similares; mas eu não posso garantir sua segurança em nações bárbaras governadas por leis diferentes das nossas; nações tão sem entendimento que há entre eles muitos que realmente vivem de roubar uns dos outros e ninguém pode, nas Horas Silenciosas, até mesmo deixar a porta de sua própria casa aberta com segurança.

Aqui nossa conversa foi interrompida pela entrada de Taë, que veio para nos informar que ele, tendo sido incumbido de descobrir e destruir o enorme réptil que eu tinha visto em minha primeira chegada, havia estado procurando por ele desde sua visita a mim e havia começado a suspeitar que meus olhos haviam me enganado, ou que a criatura havia saído pelas aberturas nas rochas para as regiões selvagens onde mora sua raça – quando deu evidências de seu paradeiro por uma grande devastação de pastagem em volta de um dos lagos.

– E – disse Taë – estou certo que ele está se escondendo dentro daquele lago agora. Então (virando-se para mim) eu pensei que te agradaria me acompanhar para ver a maneira com que nós destruímos tais visitantes indesejados.

Olhei para o rosto da criança, e trazendo à mente o enorme tamanho da criatura que ele propôs eliminar, me senti estremecer, com medo por ele e, talvez, por mim mesmo, se eu o acompanhasse em tal caçada. Mas minha curiosidade em testemunhar os efeitos destrutivos do tão falado vril e minha falta de vontade de me diminuir perante os olhos de uma criança, por expor receios de segurança pessoal, prevaleceram sobre meu primeiro impulso. Por conseguinte, agradeci a Taë por sua cortês consideração por minha diversão e expressei minha vontade de partir com ele em tão divertida empreitada.

Edward George Bulwer-Lytton

Capítulo 18

Conforme Taë e eu, ao sair da cidade à esquerda da estrada principal que levava a ela, entramos nos campos, a estranha e solene beleza da paisagem, iluminada por inúmeras luminárias até o limite do horizonte, fascinaram meus olhos e me fizeram por algum tempo um desatento ouvinte de minha companhia.

Ao longo de nosso caminho várias operações de agricultura estavam sendo levada a cabo por maquinários, cujas formas eram novas para mim e em grande parte muito graciosas; pois entre esse povo a arte cultivada para mera utilidade se exibe em adorno e refinamento das formas de objetos úteis. Metais preciosos e jóias são profusas entre eles, pródigos em coisas voltadas aos propósitos comuns; e seu amor por utilidades os faz embelezar suas ferramentas e agiliza sua imaginação.

Em todo trabalho, dentro ou fora de casa, eles fazem muito uso de autômatos, que são tão engenhosos e adaptáveis às operações do vril, que realmente parecem dotados de razão. Era pouco possível distinguir as figuras que eu observava, guiando ou supervisionando os rápidos movimentos de grandes motores, das formas humanas dotadas de pensamento.

Pouco a pouco, conforme continuamos a caminhar, minha atenção foi despertada pelos vivos e agudos comentários de meu companheiro. A inteligência das crianças entre essa raça é maravilhosamente precoce, talvez pelo hábito de lhes serem confiados, em idade tão tenra, os trabalhos e responsabilidades da meia idade. Certamente, conversando com Taë, me senti como se falasse com algum homem superior e atento, com minha própria idade. Perguntei a ele se ele poderia fazer qualquer estimativa do número de comunidades em que a raça Vril-ya é subdividida.

– Não exatamente – disse ele – porque elas se multiplicam, claro, todo ano conforme o excedente de cada comunidade é enviada para fora. Mas ouvi meu pai dizer que, de acordo com o último relatório, havia um milhão e meio de comunidades falando nossa língua e adotando nossas instituições e formas de vida e governo; mas, acredito, com algumas diferenças, sobre as quais é melhor você perguntar a Zee. Ela sabe mais que muitos dos Ana sabem. Um An se importa menos com coisas que não se referem a ele do que uma Gy; as Gy-ei são criaturas curiosas.

– Cada comunidade se restringe ao mesmo número de famílias ou quantidade de população que vocês?

– Não; algumas têm populações menores, algumas têm maiores, variando de acordo com a extensão do território de que eles se apropriam, ou ao grau de excelência que alcançaram em suas máquinas. Cada comunidade faz seu próprio limite de acordo com as circunstâncias, sempre tomando cuidado para que nunca apareça nenhuma classe de pobres pela pressão da população sobre as condições produtivas do território; e que nenhum estado seja muito grande para um governo, lembrando o de uma simples família bem ordenada. Imagino que nenhuma comunidade Vril exceda trinta mil casas. Mas, como regra geral, quanto menor a comunidade, contanto que haja mãos suficientes para fazer justiça às capacidades do território que ocupa, mais rico é cada indivíduo, e maior a soma com que se contribui ao tesouro geral; sobretudo, mais feliz e mais tranquila é todo o corpo político e mais perfeitos os produtos de sua indústria. O estado que todas as tribos de Vril-ya reconhecem ser a mais alta civilização, e que trouxe a força do vril ao seu mais completo desenvolvimento é, talvez, o menor. Ele se limita a quatro mil famílias; mas cada polegada do solo de seu território é cultivada com a máxima perfeição; seu maquinário excede o de todas as outras tribos, e não há produto de sua indústria em nenhum departamento que não seja procurado, a preços extraordinários, por cada comunidade de nossa raça. Todas as nossas tribos fazem desse estado seu modelo, considerando que deveríamos atingir o mais alto estado de civilização permitido aos mortais se pudéssemos unir o maior grau de felicidade com o mais alto grau de realização intelectual; e está claro que quanto menor a sociedade menos difícil será. A nossa é muito grande para isso.

Essa resposta me fez pensar. Lembrei-me daquele pequeno estado de Atenas, com apenas vinte mil cidadãos livres, e que até hoje nossa nação mais poderosa considera como o supremo guia e modelo em todas as áreas do intelecto. Mas Atenas permitiu feroz rivalidade e perpétua mudança, e certamente não era feliz. Despertando do devaneio em que essas reflexões me haviam mergulhado, trouxe de volta à nossa conversa os assuntos relativos à emigração. Disse eu:

— Mas quando, suponho que anualmente, um certo número entre vocês concorda em sair de casa e encontrar uma comunidade em algum outro lugar, eles devem ser necessariamente muito poucos, e dificilmente suficientes, até com a ajuda das máquinas que levam com eles, para limpar o solo e construir cidades, e formar um estado civilizado com os confortos e luxos no qual foram criados.

— Engano seu. Todas as tribos de Vril-ya estão em constante comunicação entre si, e definem entre eles mesmos cada ano que proporção de uma comunidade se unirá com os emigrantes de uma outra para formar um estado de tamanho suficiente; e o lugar para emigração é acordado ao menos um ano antes, e pioneiros enviados de cada estado para nivelar rochas, represar águas e construir casas; de tal forma que, quando os emigrantes finalmente vão, eles encontram uma cidade quase feita, e um território em volta dela ao menos parcialmente limpo. Nossa condição forte como crianças nos faz querer alegremente viajar e nos aventurar. Eu mesmo pretendo emigrar no futuro.

— Os emigrantes sempre escolhem lugares até então inabitados e áridos?

— Geralmente, porque é nossa regra nunca destruir exceto onde necessário ao nosso bem estar. É claro, nós não podemos nos assentar em terras já ocupadas pelos Vril-ya; e se pegarmos as terras cultivadas de outras raças Ana, devemos destruir completamente os antigos moradores. Às vezes, pegamos terras abandonadas e descobrimos que uma problemática e briguenta raça de Ana, especialmente se sob a administração de Koom-Posh ou Glek-Nas, se indigna com nossa vizinhança e começa uma briga conosco; então, obviamente, ameaçando nosso bem estar, nós os destruímos; não há como chegar a um acordo de paz com uma raça tão idiota que está sempre mudando a forma de governo que a representa. Koom-Posh – disse a criança, enfaticamente – é muito ruim, ainda que tenha cérebro, embora no fundo de sua cabeça, e não é sem coração; mas no Glek-Nas o cérebro e o coração das criaturas desapareceram, e eles se tornaram apenas mandíbulas, garras e estômago.

– Você se expressa enfaticamente. Deixe-me informá-lo que eu, e tenho orgulho de dizer, sou cidadão de um Koom-Posh!

– Já não me espanto – respondeu a criança – em ver você aqui tão longe de sua casa. Qual era a condição de sua comunidade nativa antes de se tornar um Koom-Posh?

– Um assentamento de emigrantes, como aqueles aos quais sua tribo envia, mas tão diferente de seus assentamentos, que era dependente do estado de onde vinha. Livrou-se daquele jugo e, coroado com glória eterna, se tornou um Koom-Posh.

– Glória eterna! Quanto tempo tem durado o Koom-Posh?

– Aproximadamente cem anos.

– O tempo de vida de um An, uma comunidade bastante jovem. Em muito menos que outros cem anos seu Koom-Posh será um Glek-Nas.

– Não; os estados mais velhos do mundo de onde eu venho têm tanta confiança em sua duração que eles estão gradualmente modelando suas instituições para se fundir com a nossa, e seus mais sérios políticos dizem que, quer gostem ou não, a inevitável tendência desses velhos estados é em direção a Koom-Posh.

– Os velhos estados?

– Sim, os velhos estados.

– Com populações muito pequenas em proporção à área de terra produtiva?

– Pelo contrário, com populações muito grandes em proporção a essas áreas.

– Entendo! Velhos estados, certamente! Tão velhos a ponto de falar bobagens se não despacharem aquela população excedente como nós fazemos; estados muito velhos; muito, muito velhos! Por favor, Tish, você acha prudente para homens muito velhos tentar ficar de pernas para o ar, como fazem as crianças? E se você perguntasse a eles por que eles tentam tais travessuras, você não riria se eles respondessem que imitando crianças bem jovens eles também se tornariam crianças bem jovens também? Histórias antigas abundam em exemplos desse tipo muitos milhares de anos atrás, e em cada exemplo um estado muito velho que bancasse um Koom-Posh logo se tornaria em Glek-Nas. Então, para seu próprio horror, implorava por um mestre, como um homem velho em sua senilidade implora por uma enfermeira; e depois de uma sucessão de mestres ou enfermeiras, mais ou menos longas, aquele velho estado desaparece da história..Um estado muito velho tentando um estilo Koom-Posh é como um homem muito velho que derruba a casa à qual está acostumado, mas está tão exaurido de energia por derrubar a casa que tudo que ele pode fazer para reconstruí-la é levantar uma cabana, na qual ele e seus sucessores se queixam "Como venta forte! Como as paredes balançam!".

– Meu querido Taë, eu desculpo todo seu mal informado preconceito, que todo garoto de escola educado em um Koom-Posh poderia facilmente contestar, embora ele possa não ser tão precocemente sábio em história antiga como você parece ser.

– Não aprendi nem um pouco disso. Mas poderia um garoto de escola, educado em seu Koom-Posh, pedir ao seu trisavô ou trisavó para ficar sobre sua cabeça com os pés para cima? E se os pobres velhos hesitassem, dizer "Do que têm medo? Vejam com eu faço!".

– Taë, não vou discutir com uma criança de sua idade. Repito, eu levo em consideração seu desejo daquela cultura que só um Koom-Posh pode conferir.

– Eu, por minha vez –, respondeu Taë, com um ar da polida mas arrogante educação que caracteriza sua raça – não apenas relevo você como não educado entre os Vril-ya, mas suplico-lhe conceder-me seu perdão pelo respeito insuficiente aos hábitos e opiniões de tão amigável Tish!

Devo ter observado antes que eu era comumente chamado Tish pelo meu anfitrião e sua família, como sendo um educado, mas de fato, um animal de estimação, metaforicamente significando um pequeno bárbaro, literalmente um Sapinho; as crianças o usam carinhosamente para as espécies domesticadas de Sapo que mantêm em seus jardins.

Tínhamos agora alcançado as margens do lago e Taë aqui parou para me mostrar a destruição feita nos campos ao redor. Disse ele:

– O inimigo certamente está dentro dessas águas. Observe que cardumes de peixes estão juntos na margem. Até os grandes peixes junto com os pequenos, que são suas presas habituais

Edward George Bulwer-Lytton

e que geralmente os evitam, todos esquecem seus instintos na presença de um inimigo comum. Este réptil certamente deve pertencer à classe Krek-a, uma classe mais devoradora que qualquer outra e que é considerada das poucas espécies sobreviventes dos mais terríveis habitantes do mundo antes que os Ana foram criados. O apetite de um Krek é insaciável, alimentando-se tanto de vida vegetal como animal; mas para as criaturas rápidas da espécie dos alces, ele é muito lento em seus movimentos. Sua guloseima favorita é um An, quando ele pode pegá-lo desprevenido; então os Ana o destrói implacavelmente sempre que entra em seu domínio. Fiquei sabendo que quando nossos antepassados limparam pelo primeira vez esse território, estes monstros, e outros como eles, abundavam e, sendo o vril então ainda desconhecido, muitos de nossa raça foram devorados. Era impossível exterminá-los completamente até aquela descoberta que constitui o poder e sustenta a civilização de nossa raça. Mas depois que o uso do vril se tornou familiar para nós, todas as criaturas inimigas logo foram aniquiladas. Ainda, uma vez por ano mais ou menos, um desses enormes répteis perambula nas distantes regiões não aproveitadas e selvagens e posso me lembrar que um deles capturou uma jovem Gy que estava se banhando exatamente nesse lago. Se ela estivesse na terra e armada com seu cajado, ele nem sequer teria ousado se mostrar; pois, como todas as criaturas selvagens, o réptil tem um instinto maravilhoso que o avisa contra o portador do bastão vril. Como eles ensinam seus jovens a evitá-lo, embora vendo-o pela primeira vez, é um daqueles mistérios que você pode pedir a Zee para explicar, pois eu não posso. Enquanto eu ficar aqui, o monstro não irá se mover de seu esconderijo; mas devemos agora atrai-lo para fora.

— Isso não será difícil?

— De forma alguma. Sente-se ali sobre aquele rochedo (aproximadamente cem metros da margem), enquanto me afasto a alguma distância. Em pouco tempo o réptil irá vê-lo ou sentir seu cheiro e, percebendo que você não carrega o bastão vril, virá para devorá-lo. Assim que ele estiver bem fora da água, se tornará minha presa.

— Você quer dizer que eu devo ser o chamariz para aquele horrível monstro que poderia me engolfar em suas mandíbulas em um segundo? Recuso-me.

— Não tema — disse a criança, rindo — apenas fique sentado.

Ao invés de obedecer a esse comando, fiz uma restrição e

estava preste a sair correndo quando Taë me tocou levemente no ombro e, fixando seus olhos firmemente nos meus, eu fiquei grudado no lugar. Toda força de vontade me deixou. Submisso ao gesto da criança, eu o segui até o rochedo que tinha indicado e me sentei lá em silêncio. Muitos leitores viram alguma coisa dos efeitos da eletrobiologia, seja genuína ou falsificada. Nenhum professor dessa duvidosa arte foi alguma vez apto a influenciar um pensamento ou um movimento meu, mas eu era uma mera máquina sob a vontade dessa terrível criança. Abrindo suas asas, pairou no ar e pousou no meio de um bosque na borda de uma colina a alguma distância.

Eu estava sozinho; e voltando meus olhos com uma indescritível sensação de horror em direção ao lago, eu os fixei na água, atento. Poderia ter sido dez ou quinze minutos, para mim pareciam anos, antes que a superfície calma, cintilando sob a luminária, começou a se agitar no centro. Ao mesmo tempo os cardumes de peixe próximos à margem evidenciaram seu senso de aproximação do inimigo se batendo, saltando e borbulhando. Pude detectar seus rápidos vôos aqui e acolá, alguns até lançando-se em terra firme. Uma longa, escura e ondulada esteira veio se movendo pelas águas, cada vez mais próxima, até que a grande cabeça do réptil emergiu, suas mandíbulas abrindo-se com as presas e seus olhos sombrios se fixando famintos no lugar onde eu estava sentado sem movimento. E agora seus pés dianteiros estavam sobre a margem; agora seu enorme peito, escamado em ambos os lados como uma armadura, com o centro mostrando uma pele ondulada de um sombrio amarelo venenoso; e agora seu corpo inteiro estava sobre a terra, uns trinta metros ou mais da boca até a cauda. Um outro passo largo daqueles horríveis pés o trariam para o ponto onde eu estava sentado. Passou-se um instante entre eu e essa sinistra forma de morte, e então o que pareceu um clarão de luz vindo no ar abateu e, por um espaço de tempo menor que o de uma inspiração, envolveu o monstro; e então, conforme o clarão desapareceu, ali jazia diante de mim uma massa escurecida, carbonizada, queimada; uma coisa gigantesca, mas da qual até os contornos da forma foram queimados, rapidamente se esfarelando em pó e cinzas. Permaneci parado sentado, ainda sem voz, gelado com uma nova sensação de horror; o que havia sido horror agora era temor.

Senti a mão da criança sobre minha cabeça; o medo me deixou; o encanto estava quebrado; me levantei.

– Você vê com que facilidade os Vril-ya destroem seus inimigos – disse Taë. E, então, se dirigindo à margem, contemplou os restos queimados do monstro e disse: – Já destruí criaturas maiores, mas nenhuma com tanto prazer. Sim, é um Krek; quanto sofrimento ele deve ter inflingido enquanto vivo!

Então ele pegou os pobres peixes que haviam se arremessado à terra e os recolocou piedosamente em seu elemento natural.

Capítulo 19

Enquanto caminhamos de volta para a cidade, Taë pegou um novo e sinuoso caminho para me mostrar o que, para usar um termo familiar, eu chamarei de "Estação", de onde emigrantes ou viajantes para outras comunidades começam suas jornadas. Eu tinha expressado, em ocasião anterior, um desejo de ver seus veículos. Descobri que estes eram de dois tipos, um para jornadas terrestres, um para viagens aéreas: os primeiros eram de todos os tamanhos e formas, alguns não maiores que uma carruagem comum, alguns casas móveis de um andar e contendo muitos cômodos, mobiliados de acordo com as ideias de conforto ou luxo que são considerados pelos Vril-ya. Os veículos aéreos eram de substâncias leves, nada lembrando nossos balões, mas sim nossos barcos e navios de passeio, com leme e direção, com grandes asas como remos e uma máquina central controlado pelo vril. Todos os veículos, tanto para terra como para o ar, eram certamente controlados por aquele potente e misterioso agente.

Vi um comboio saindo para sua jornada, mas tinha poucos passageiros, contendo principalmente artigos de comércio com destino a uma comunidade vizinha; pois entre todas as tribos de Vril-ya há um considerável intercâmbio comercial. Posso observar aqui que sua moeda corrente não consiste de metais preciosos, que são muito comuns entre eles para esse propósito. As menores moedas em uso comum são manufaturadas de uma peculiar concha fóssil, o comparativamente raro vestígio de algum dilúvio muito antigo ou outra convulsão da natureza, pelo qual uma espécie se tornou extinta. É pequena e plana como uma ostra e tem um polimento como de jóia. Essa cunhagem circula entre todas as tribos de Vril-ya. Suas maiores transações são muito parecidas com as nossas, com notas fiscais e finas chapas metálicas que respondem ao propósito de nossas cédulas.

Deixem-me usar esta ocasião para acrescentar que a cobrança de impostos entre as tribos com que fiz amizade era bastante considerável, comparada com a quantidade da população. Mas nunca fiquei sabendo que alguém tenha reclamado por isso, pois era destinada a propósitos de utilidade universal e certamente necessária para a civilização da tribo. O custo da iluminação em tão larga escala no território, de fornecer condições para emigração, de manter os prédio públicos nos quais as várias operações de intelecto nacional aconteciam, da primeira educação de uma criança aos departamentos nos quais o Colégio dos Sábios estava perpetuamente tentando novas experiências na ciência mecânica: tudo isso envolvia a necessidade de consideráveis fundos estatais. A isto devo acrescentar um item que me surpreendeu como muito singular. Eu disse que todo trabalho humano requisitado pelo estado é feito por crianças até a idade do casamento. Pois esse trabalho o estado paga, e em um nível incomensuravelmente mais alto que nossa remuneração para o trabalho até mesmo nos Estados Unidos. De acordo com sua teoria, toda criança, homem ou mulher, ao atingir a idade do casamento e aí terminando o período de trabalho, deveria ter adquirido o bastante para uma condição independente durante a vida. Como, não importa qual seja a disparidade de fortuna dos pais, todas as crianças devem servir igualmente, então todas são pagas igualmente, de acordo com suas idades ou natureza do trabalho. Quando os pais ou amigos escolhem manter uma criança a seu próprio serviço, eles devem pagar ao fundo público na mesma proporção que o estado paga para as crianças que ele emprega; e essa soma é entregue à criança quando o período de serviço expira. Essa prática serve, sem dúvida, para dar a noção de igualdade social, familiar e agradável; e se pode ser dito que todas as crianças formam uma democracia, não menos verdadeiramente pode ser dito que todos os adultos formam uma aristocracia. A requintada educação e refinamento de modos entre os Vril-ya, a generosidade de seus sentimentos, o lazer de que eles desfrutam por seguirem suas próprias buscas particulares, os prazeres de seus relacionamentos domésticos, nos quais eles parecem membros de uma ordem nobre que não pode ter desconfiança da palavra ou realização do outro, tudo combina para fazer dos Vril-ya a mais perfeita nobreza que um discípulo político de Platão ou Sidney poderia conceber como o ideal de uma república aristocrática.

Capítulo 20

Desde a data da expedição com Taë que eu acabei de narrar, a criança me fez visitas frequentes. Ele desenvolveu um apreço por mim que eu cordialmente retornei. De fato, como ele não tinha doze anos de idade ainda e não havia começado o curso de estudos científicos com o qual se encerra a infância naquele país, meu intelecto era menos inferior ao dele do que àquele dos membros mais velhos de sua raça, especialmente das Gy-ei e, mais especialmente da perfeita Zee. As crianças de Vril-ya, tendo em suas mentes o peso de tantos deveres e grandes responsabilidades, não são geralmente alegres; mas Taë, com toda sua sabedoria, tinha muito do alegre bom humor que se encontra frequentemente nas características dos homens de talento mais velhos. Ele sentia esse tipo de prazer em minha companhia que um garoto de igual idade no mundo da superfície tem na companhia de um cão de estimação ou um macaco. Divertia-o tentar me ensinar os modos de seu povo, como diverte um sobrinho meu fazer seu poodle andar sobre as pernas traseiras ou pular através de um aro. De bom grado me prestei a tais experiências, mas nunca alcancei o sucesso do poodle. Eu estava muito interessado, no começo, em tentar usar as asas que o mais jovem dos Vril-ya usa tão ágil e facilmente como as nossas crianças fazem com suas pernas e braços; mas meus esforços se tornavam em contusões sérias o bastante para me fazer abandoná-las.

As asas, como eu disse antes, são muito grandes, alcançando o joelho e, em repouso, jogadas para trás, formam um manto muito gracioso. Elas são compostas de penas de um pássaro gigantesco que abunda nas alturas rochosas do campo – a cor principalmente branca, mas às vezes com riscas avermelhadas. Elas são presas em volta dos ombros com leves mas fortes molas de aço; e, quando expandidas, os braços escorregam através de alças para tal propósito formando, assim, uma firme membrana central. Conforme os braços são levantados, um revestimento tubular sob a veste ou túnica se torna, por aparelhos mecânicos, inflado com ar, aumentado ou diminuído conforme a vontade pelo movimento dos braços para apoiar todo o conjunto como sobre bolhas. As asas e o aparato parecido com um balão são altamente carregados com vril; e quando o corpo é assim levado para cima, parece tornar-se singularmente aliviado de seu peso. Achei fácil subir do solo; de fato, quando as asas eram abertas era raro não voar, mas então vinha a dificuldade e o perigo. Falhei totalmente em usar e direcionar as pontas das asas, embora eu seja considerado entre minha própria raça extraordinariamente alerta e ágil em exercícios corporais, e sou um nadador com muita experiência. Eu apenas conseguia fazer os mais confusos e atrapalhados esforços ao voar. Eu servia às asas; as asas não serviam a mim; elas estavam além de meu controle; e quando, por um violento esforço muscular e, devo admitir, naquela força anormal que é dada pelo medo excessivo, eu refreei seus giros e as trouxe próximas ao corpo, parecia como se perdesse o poder que as sustentava, estocado nelas e nas bolhas, como quando o ar sai de um balão, e me encontrava caído no chão de novo; salvo, certamente, por algumas agitações espasmódicas, de ser despedaçado, mas não salvo das contusões e atordoamentos de uma dura queda. Eu teria, no entanto, perseverado em minhas tentativas se não fosse pelos conselhos ou comandos da científica Zee, que havia de forma benevolente acompanhado meus vôos e, de fato, na última ocasião, voando exatamente debaixo de mim, foi atingida por mim quando caí em suas próprias asas abertas, evitando que eu quebrasse a cabeça no telhado da pirâmide do qual tínhamos alçado vôo.

– Percebo – disse ela – que suas tentativas são em vão,

Edward George Bulwer-Lytton

não por causa das asas e seus componentes, nem por nenhuma imperfeição e malformação de seu próprio sistema corpuscular, mas do irremediável, por ser orgânico, defeito em seu poder de vontade. Saiba que a conexão entre a vontade e as funções desse fluido que tem sido sujeito ao controle dos Vril-ya nunca foi estabelecido pelos primeiros descobridores, nunca alcançado por uma única geração; foi aumentando, como outras propriedades da raça, em proporção a como tem sido uniformemente transmitido de pai para filho de tal forma que, finalmente, se tornou um instinto; e uma criança An de nossa raça deseja voar tão intuitiva e inconscientemente como deseja andar. Ele, assim, usa suas asas inventadas ou artificiais com tanta segurança como um pássaro usa aquelas com as quais nasceu. Eu não pensei suficientemente nisso quando lhe permiti tentar um experimento que me atraiu, pois eu queria ter você como companhia. Irei abandonar o experimento agora. Sua vida está se tornando querida para mim.

Junto a isso, a voz e rosto da Gy ficaram mais suaves e eu me senti mais seriamente alarmado do que tinha ficado em meus vôos anteriores

Agora que estou no assunto das asas, não devo me omitir de mencionar um costume entre as Gy-ei que me parece muito bonito e terno no sentimento que ele implica. Uma Gy usa asas habitualmente enquanto ainda virgem; ela se junta aos Ana em seus esportes aéreos; ela se aventura sozinha e longe nas regiões mais selvagens do mundo sem sol; na audácia e altitude de seus vôos, não menos que na graça de seus movimentos, ela supera o sexo oposto. Mas a partir do dia do casamento ela não usa mais as asas, ela as pendura por sua própria vontade sobre a cama nupcial para nunca ser usada a menos que o laço matrimonial seja rompido pelo divórcio ou pela morte.

Agora, quando a voz e os olhos de Zee assim se suavizaram – e nesse suavizar eu profeticamente recuei e estremeci – Taë, que havia nos acompanhado em nossos vôos, mas que, como criança, havia se divertido muito mais com meu modo desajeitado do que tido empatia com meus medos ou notado o perigo em que eu estava, flutuou sobre nós, pairou entre o ar ainda radiante, sereno e sem movimento sobre suas asas abertas e, ouvindo as palavras carinhosas do jovem Gy, riu alto. Disse ele:

– Se o Tish não consegue aprender a usar as asas, você ainda pode ser sua companhia, Zee, pois você pode erguer a si mesma.

Capítulo 21

Eu observara por algum tempo na altamente informada e poderosamente encorpada filha de meu anfitrião aquele gentil e protetor sentimento que, seja sobre a terra ou sob ela, uma sábia Providência concedeu à parte feminina da raça humana. Mas até bem recentemente eu havia atribuído isso àquela afeição por "animais de estimação" que uma mulher em qualquer idade compartilha com uma criança. Agora fiquei dolorosamente ciente de que o sentimento que Zee concedeu a mim era diferente daquele que eu tinha inspirado em Taë. Mas essa convicção não me deu nenhuma gratificação complacente que a vaidade de um homem comumente recebe de uma apreciação lisonjeira de seus méritos pessoais por parte das mulheres; ao contrário, me inspirou medo. De todas as Gy-ei na comunidade, se Zee era talvez a mais sábia e mais forte, ela era, por reputação geral, a mais gentil e era certamente a mais amada pelo povo. O desejo de ajudar, socorrer, proteger, confortar, abençoar, pareciam permear todo seu ser. Embora as complicadas misérias que se originam na pobreza e culpa sejam desconhecidas ao sistema social de Vril-ya, ainda nenhum sábio tinha descoberto no vril uma função que pudesse banir a tristeza da vida; e onde quer que entre seu povo a tristeza encontrasse lugar, ali Zee seguia na missão de confortadora. Alguma irmã Gy falhara em prender o amor pelo qual suspirava? Zee a procurava e trazia todos os recursos de sua sabedoria, e todas as consolações de sua empatia, para aguentar uma dor que tanto precisa do conforto de um confidente. Nos raros casos em que uma doença grave acometia a infância ou a juventude, e os casos, menos raros, quando, nas audazes e aventurosas provações das crianças, algum acidente com dor e ferimentos ocorria, Zee abandonava seus estudos e esportes e se tornava a curadora e enfermeira. Seus vôos favoritos eram em direção aos limites extremos do território onde crianças estavam colocadas em guarda contra erupções de forças hostis da natureza, ou invasões de animais que devoram, de tal forma que ela pudesse avisá-los de qualquer perigo que seu conhecimento detectasse ou previsse, ou estar por perto se qualquer dano ocorresse. Mesmo no exercício de suas aquisições científicas, havia uma benevolência de propósito e vontade. Ela aprendeu alguma novidade em invenções que seria útil ao práticante de alguma arte especial ou ofício? Ela apressava-se em comunicar e explicá-la. Havia algum sábio veterano do Colégio confuso e entediado com a dificuldade de um estudo de difícil compreensão? Ela se devotava pacientemente a ajudá-lo, trabalhar os detalhes para ele, dar apoio ao seu estado de espírito com seu sorriso esperançoso, agilizar sua sagacidade com sua sugestão luminosa, ser para ele, como realmente era, seu próprio bom gênio tornado visível como o fortificador e inspirador. A mesma ternura ela mostrava às criaturas inferiores. Eu frequentemente ficava sabendo que ela trazia para casa algum animal doente e ferido, e o atendia e acariciava como uma mãe atenderia e acariciaria sua criança ferida. Muitas vezes quando eu sentava no terraço, ou jardim suspenso, para o qual minha janela abria, eu a vi subindo no ar em suas asas radiantes e, em poucos instantes, grupos de crianças abaixo, ao vê-la, subiam emitindo alegres sons de saudação, agrupando-se e divertindo-se ao seu redor, de tal forma que ela parecia um centro de inocente prazer. Quando caminhei com ela entre as rochas e vales fora da cidade, o cervo a farejava ou a via de longe, vinha saltando, ansioso pelo carinho de sua mão, ou seguia seus passos, até que fosse mandado embora por um suspiro musical que a criatura havia aprendido a compreender. É moda entre as Gy-ei virgens usar sobre a testa uma tiara, ou diadema, com gemas lembrando opalas, arranjadas em quatro pontos ou raios, como estrelas. São opacas em uso comum, mas se tocadas pelo cajado vril elas se tornam uma

Edward George Bulwer-Lytton

chama clara e reluzente que ilumina, mas não queima. Isso serve como um ornamento em suas festividades e, como uma luminária, se, em suas andanças além de suas luzes artificiais, eles tiverem que atravessar a escuridão. Houve vezes, quando via a majestade séria do resto iluminada por esse halo, que eu mal podia acreditar que ela fosse uma criatura mortal, e dobrava a cabeça perante ela como a visão de um ser das ordens celestiais. Mas jamais meu coração sentiu por esse elevado tipo da mais nobre mulher um sentimento de amor humano. Entre a raça a que pertenço, o orgulho do homem tanto influencia suas paixões que a mulher perde para ele seu charme especial de mulher se ele sente que ela seja em todas as coisas eminentemente superior a ele mesmo? Mas por qual estranha paixão poderia essa inigualável filha de uma raça que, na supremacia de seus poderes e a felicidade de suas condições, deixa todas as outras raças na categoria de bárbaros, teria me honrado com sua preferência? Em qualificações pessoais, embora eu passasse por alguém de boa aparência entre o povo do qual vim, o mais atraente de meus conterrâneos poderia ter parecido insignificante e sem graça ao lado do majestoso e sereno tipo de beleza que caracterizava o aspecto dos Vril-ya.

Aquela novidade, a diferença entre eu e aqueles a quem Zee estava acostumada, poderia servir para influenciar sua fantasia. Era muito provável que, como o leitor verá mais tarde, tal motivo poderia bastar para a predileção com a qual eu, muito inferior a Zee em todos os aspectos, fui diferenciado por uma jovem Gy mal saída da infância. Mas quem quer que considere essas ternas características que eu acabei de atribuir à filha de Aph-Lin, poderá entender que a principal causa de minha atração por ela era seu desejo instintivo de dar carinho, confortar, proteger e, ao proteger, dar apoio e estímulo. Assim, quando olho para trás, eu explico a única fraqueza indigna de sua eminente natureza, a que se submeteu a filha de Vril-ya, uma afeição de mulher por alguém tão inferior a ela, como era o hóspede de seu pai. Mas qualquer que seja o motivo, a consciência de que eu tinha inspirado tal afeição me deixou com medo – um medo moral de sua perfeição, de seus misteriosos poderes, das inseparáveis distinções entre sua raça e a minha própria; e, com esse medo, devo confessar para minha vergonha, se combinava o mais material e ignóbil pavor dos riscos aos quais sua preferência me exporia.

Poderia supor-se por um momento que os pais e amigos

dessa louvável criatura poderiam ver sem indignação e aversão a possibilidade de uma aliança entre ela e um Tish? Ela, eles não poderiam punir; ela, eles não poderiam confinar ou reprimir. Nem na vida doméstica nem na vida política eles reconhecem nenhuma lei de força entre eles; mas eles poderiam eficazmente colocar um fim à sua paixão por um raio de vril atirado em mim.

Sob essas angustiantes circunstâncias, felizmente, minha consciência e senso de honra estavam livres de repreensão. Ficou clara minha obrigação, se a preferência de Zee continuasse a se manifestar, de insinuar isso para meu anfitrião com, naturalmente, toda delicadeza que deve sempre ser preservada por um homem bem educado ao confiar a outro qualquer grau de favor pelo qual alguém do sexo oposto possa dignar-se a distingui-lo. Assim, no futuro, eu deveria estar livre de responsabilidade ou suspeita de participação voluntária nos sentimentos de Zee; e a sabedoria superior de meu anfitrião provavelmente poderia me sugerir alguma sábia solução para meu perigoso dilema. Nessa determinação eu obedeceria ao instinto comum de um homem civilizado e moral que, embora possa estar enganado, geralmente te prefere o caminho correto nesses casos, onde é contra suas inclinações, seus interesses e sua segurança eleger a pessoa errada.

Edward George Bulwer-Lytton

Capítulo 22

Como o leitor viu, Aph-Lin não favoreceu um relacionamento geral e irrestrito meu com seus compatriotas. Embora contando com minha promessa de abster-me de dar qualquer informação sobre o mundo que eu havia deixado, e ainda mais com a promessa daqueles a quem havia sido pedido o mesmo de não me questionar, que Zee havia exigido de Taë, ele ainda não estava certo de que, se me fosse permitido misturar-me com os estranhos cuja curiosidade havia aumentado ao me verem, eu poderia evitar suficientemente suas perguntas. Quando eu saía, portanto, nunca era sozinho; estava sempre acompanhado fosse por alguém da família de meu anfitrião ou meu amigo Taë. Bra, esposa de Aph-Lin, raramente ia além dos jardins que rodeavam a casa e gostava de ler a literatura antiga, que continha algo de romance e aventura não encontrado nos escritos de tempos recentes e apresentava figuras de uma vida não familiar à sua experiência, e interessantes para sua imaginação; figuras, de certo, de uma vida que mais lembra aquela que levamos no dia-a-dia sobre a terra, colorida por nossos sofrimentos, pecados e paixões, equivalentes para ela ao que as histórias de fadas ou as "Mil e Uma Noites" são para nós. Mas seu amor pela leitura não impediu que Bra desempenhasse seus deveres como senhora da maior casa da cidade. Ela circulava diariamente pelas peças e verificava se os autômatos e outros equipamentos mecânicos estavam em ordem, se as numerosas crianças empregadas por Aph-Lin, seja em suas vidas particulares ou públicas, eram cuidadosamente atendidas. Bra também inspecionava as contas de toda a propriedade, e era sua grande alegria assistir o marido nos negócios ligados a seu ofício como chefe administrador do Departamento de Luz, de tal forma que seus passatempos necessariamente a mantinham muito dentro de casa. Os dois filhos estavam completando sua educação no Colégio dos Sábios; e o mais velho, que tinha uma forte paixão por mecânica, e especialmente por trabalhos ligados com o maquinário de cronômetros e autômatos, havia decidido devotar-se a essas ocupações e estava agora ocupado em construir uma loja ou armazém no qual suas invenções poderiam ser exibidas e vendidas. O filho mais novo preferia lavoura e ocupações rurais; e quando não estava no colégio, onde estudou principalmente as teorias de agricultura, estava muito absorto pela aplicação prática dessa ciência nas terras de seu pai. Por isso se vê quão completamente a igualdade de classes é estabelecida entre esse povo – um lojista sendo exatamente do mesmo nível de respeito que um grande proprietário estabelecido. Aph-Lin era o membro mais rico da comunidade, e seu filho mais velho preferia cuidar de uma loja a qualquer outra distração; e não era uma escolha pensada para mostrar qualquer desejo de posições elevadas de sua parte.

Esse jovem havia se interessado muito em examinar meu relógio, objeto que era novo para ele, e ficou muito feliz quando o dei a ele como presente. Pouco depois ele retornou o presente com juros, através de um relógio feito por ele mesmo, marcando tanto o tempo como no meu relógio como o tempo como é contado entre os Vril-ya. Eu ainda tenho esse relógio, e tem sido muito admirado por muitos entre os mais eminentes fabricantes de relógios de Londres e Paris. É de ouro, com ponteiros e figuras de diamante, e toca uma melodia favorita entre os Vril-ya ao marcar as horas; requer apenas que seja dada corda uma vez a cada dez meses e nunca deixou de funcionar corretamente desde que o tenho.

Esses jovens irmãos estando assim ocupados, minhas companhias usuais naquela família, quando eu saía do país, eram meu anfitrião e sua filha. Agora, com as honrosas conclusões a que eu havia chegado, comecei a recusar os convites de Zee

Edward George Bulwer-Lytton

para sair sozinho com ela e aproveitei uma ocasião quando aquela sábia Gy estava dando uma palestra no Colégio dos Sábios para pedir a Aph-Lin que me mostrasse sua casa de campo. Como ela ficava a alguma distância, e Aph-Lin não gostava de andar, enquanto eu havia discretamente renunciado a todas as tentativas de voar, seguimos para nosso destino em um dos barcos aéreos pertencentes ao meu anfitrião. Uma criança de oito anos, em seu emprego, era nosso condutor. Meu anfitrião e eu nos reclinamos sobre almofadas e achamos o movimento muito calmo e confortável.

– Aph-Lin – disse eu –, você não ficará, creio eu, aborrecido comigo se eu pedir sua permissão para viajar por um curto período e visitar outras tribos ou comunidades de sua ilustre raça. Tenho também um grande desejo de ver aquelas nações que não adotam suas instituições e que você considera como selvagens. Muito me interessaria notar quais são as diferenças entre eles e as raças que nós consideramos civilizadas no mundo que eu deixei.

– É totalmente impossível que você vá sozinho – disse Aph-Lin. – Mesmo entre os Vril-ya você estaria exposto a grandes perigos. Certas peculiaridades de formação e cor e o extraordinário fenômeno de pelos em suas faces e queixo, denunciando você como uma espécie de An distinta de nossa raça ou qualquer raça conhecida de bárbaros ainda existentes, atrairia, de certo, especial atenção do Colégio dos Sábios em qualquer comunidade Vril-ya que você visitasse, e dependeria do temperamento pessoal de algum sábio se você seria recebido, como foi aqui, hospitaleiramente, ou se você não seria imediatamente dissecado com propósitos científicos. Saiba que quando o Tur o levou pela primeira vez à sua casa, e enquanto você foi colocado para dormir por Taë para se recuperar de sua dor ou fadiga, os sábios convocados pelo Tur estavam com opiniões divididas: se você era um animal inofensivo ou agressivo. Durante seu estado de inconsciência seus dentes foram examinados e eles claramente mostraram que você não era apenas herbívoro, mas carnívoro. Animais carnívoros de seu tamanho são sempre destruídos, como sendo de natureza perigosa e selvagem. Nossos dentes, como você sem dúvida observou, não são de criaturas que devoram carne. É sustentado, na verdade, por Zee e outros filósofos que, como em eras remotas, os Ana realmente rapinavam seres vivos de espécies animais, seus dentes devem ter sido adaptados para esse propósito. Mas, mesmo que fosse assim, eles foram modificados por transmissão hereditária e se adaptaram à comida da qual nos alimentamos hoje; nem mesmo os bárbaros, que adotam as instituições turbulentas e ferozes de Glek-Nas, são devoradores de carne como animais de rapina.

– No curso dessa disputa – continuou ele – foi proposto dissecá-lo; mas Taë defendeu você e o Tur sendo, por ofício, avesso a todas novas experiências em desacordo com nosso costume de poupar vidas, exceto onde é claramente provado ser para o bem da comunidade fazer isso, o enviou a mim, cuja ocupação é, como o homem mais rico do estado, oferecer hospitalidade a estranhos que vêem de longe. Era minha opção decidir se você era ou não um estranho que eu poderia admitir com segurança. Se eu tivesse recusado recebê-lo, você teria sido entregue ao Colégio dos Sábios, e o que poderia ter acontecido a você eu não gosto nem de pensar. Fora esse perigo, você poderia encontrar algumas crianças de quatro anos de idade, de posse de seus cajados vril; e que, ao alarme por sua estranha aparência e no impulso do momento, poderiam reduzir você a cinzas. Taë mesmo estava prestes a fazer isso quando ele o viu pela primeira vez, não tivesse seu pai lhe refreado a mão. Portanto, eu digo que você não pode viajar sozinho, mas com Zee você estaria seguro; e não tenho dúvida que ela acompanharia você em uma viagem pelas comunidades vizinhas de Vril-ya (aos estados selvagens, não!). Eu pedirei a ela.

Agora, como meu principal objetivo ao propor viajar era escapar de Zee, eu exclamei rapidamente:

– Não, por favor, não! Eu abro mão de meu propósito. Você disse o suficiente sobre os perigos para impedir que eu o faça; e eu não posso achar direito que uma jovem Gy com a atração pessoal de sua filha tenha que viajar para outras regiões sem um protetor melhor que um Tish com minha insignificante força e estatura.

Aph-Lin emitiu o suave som sibilante que é o mais próximo de uma risada que um An adulto se permite, antes que respondesse:

– Perdoe minha descortês mas momentânea risada a uma observação feita seriamente pelo meu hóspede. Eu não poderia deixar de achar divertida a ideia de Zee, que gosta tanto de proteger outros que as crianças a chamam de "A GUARDIÃ", precisando um protetor para ela mesma contra quaisquer perigos vindos da ousada admiração de homens. Saiba que nossas Gy-ei, enquanto solteiras, estão acostumadas a viajar sozinhas entre outras tribos para ver se encontram lá algum An que possa agradá-las mais que os Ana que elas encontram em casa. Zee já fez três de tais jornadas, mas até agora seu coração não foi tocado.

Aqui a oportunidade que eu procurava me foi dada, e eu disse, olhando para baixo e com a voz vacilante:

– Você promete, meu gentil anfitrião, me perdoar se o que estou para dizer o ofender?

– Diga apenas a verdade e eu não poderei ficar ofendido; ou, se eu ficar, não deverá ser eu, mas você a me perdoar.

– Bem, então, me ajude a deixá-lo e, por mais que eu queira conhecer mais das maravilhas e desfrutar mais da felicidade que pertence a seu povo, deixe-me retornar ao meu próprio.

– Receio que haja razões para que eu não possa fazer isso; certamente não sem permissão do Tur e ele, provavelmente, não permitirá. Você não é destituído de inteligência; você pode (embora eu não ache) ter escondido o grau de poderes destrutivos possuído pelo seu povo; você pode, em resumo, trazer-nos algum perigo; e se o Tur considerar essa ideia, seria certamente seu dever ou dar um fim em você ou enclausurá-lo em uma jaula pelo resto de sua existência. Mas por que iria você desejar deixar um estado de sociedade que você tão educadamente admite ser mais feliz que a sua própria?

– Oh, Aph-Lin! Minha resposta é simples. De forma alguma, ou inconscientemente, eu trairia sua hospitalidade; talvez, por aquele capricho de vontade que em nosso mundo é proverbial no outro sexo, e do qual nem uma Gy está livre, sua adorável filha dignou-se a me considerar, embora sendo um Tish, como se eu fosse um An civilizado e...e...e...

– Cortejá-lo como seu marido – disse Aph-Lin, seriamente, e sem nenhum sinal visível de surpresa ou desconforto.

– Você o disse.

– Isso seria um infortúnio – retomou meu anfitrião, após uma pausa – e eu sinto que você tem agido como se devesse me avisar. Não é, como você sugere, incomum para uma Gy solteira expressar gostos que parecem duvidosos para outros; mas não há poder para compelir uma jovem Gy a nenhum caminho oposto àquele que ela escolhe seguir. Tudo que podemos fazer é ponderar com ela, e a experiência mostra que todo o Colégio dos Sábios acharia inútil discutir com uma Gy em um assunto que concerne à sua escolha no amor. Eu lamento por você, porque tal casamento seria contra o Aglauran, ou bem da comunidade, pois as crianças de tal casamento iriam adulterar a raça; eles podem até vir ao mundo com os dentes de animais carnívoros; isso não poderia ser permitido; Zee, como uma Gy, não pode ser controlada; mas você, como um Tish, pode ser destruído. Aconselho-o, então, a resistir a seus galanteios; diga a ela simplesmente que você não pode nunca retornar seu amor. Isso acontece constantemente. Muitos Ana, embora ardentemente cortejados por uma Gy, a rejeitam, e põem um fim à sua perseguição casando com outra. O mesmo caminho está aberto para você.

— Não; pois eu não posso casar com outra Gy sem igualmente ferir a comunidade e expô-la ao perigo de criar crianças carnívoras.

— É verdade. Tudo que posso dizer, e digo isso com a ternura devida a um Tish e o respeito devido a um convidado, é francamente isto: se você recuar, será transformado em cinzas. Devo deixar a você a melhor maneira de se defender. Talvez seja melhor você dizer a Zee que ela é feia. Isso, vindo dos lábios daquele que ela corteja, geralmente é o suficiente para esfriar a mais ardente Gy. Cá estamos em minha casa de campo.

Capítulo 23

Confesso que minha conversa com Aph-Lin e a extrema frieza com a qual ele declarou sua incapacidade de controlar o perigoso capricho de sua filha e tratou a ideia da redução a cinzas a que poderia expor minha tão sedutora pessoa tirou o prazer que eu deveria ter ao contemplar a casa de campo de meu anfitrião e a espantosa perfeição do maquinário com o qual os trabalhos na fazenda são conduzidos. A casa diferia em aparência do grande e sério prédio que Aph-Lin habitava na cidade, e que parecia similar às rochas das quais a própria cidade havia sido entalhada. As paredes da casa de campo eram compostas de árvores colocadas a alguns metros umas das outras, os espaços preenchidos com a substância metálica transparente que serve às finalidades do vidro entre os Ana. Essas árvores estavam todas floridas e o efeito era muito agradável, senão do melhor bom gosto. Fomos recebidos na varanda por autômatos que pareciam ter vida, que nos conduziram a um recinto, como eu nunca havia visto antes, mas que havia imaginado em sonhos frequentemente, em dias de verão. Era um recinto meio aposento, meio jardim. As paredes eram uma massa de flores. Os espaços abertos, que nós chamamos de janelas, e no qual, aqui, as superfícies metálicas deslizavam para trás, dispunham de várias vistas; algumas de vastas paisagens com seus lagos e rochas; algumas de pequenas extensões limitadas correspondendo às nossas estufas, cheias de fileiras de flores. Ao longo dos lados do aposento havia canteiros, intercalados com almofadas para repouso. No centro havia uma cisterna e uma fonte daquele líquido que eu presumi ser nafta. Era luminoso e de um tom róseo; era o suficiente, sem luminárias, para iluminar o aposento com uma radiância suave. Toda a volta da fonte era acarpetada com um fundo e macio musgo, não verde (eu nunca vi aquela cor na vegetação desse país), mas um discreto marrom, sobre o qual o olhar repousa com a mesma sensação de alívio como no mundo da superfície repousa sobre o verde. Nos escoadouros sobre as flores (que eu comparei às nossas estufas) havia inumeráveis aves canoras que, enquanto permanecemos no aposento, cantavam naquelas harmonias musicais que são, aqui, tão maravilhosamente treinadas. O teto era aberto. A cena toda tinha encantos para todos os sentidos – música dos pássaros, perfume das flores e beleza variada aos olhos em todos os aspectos. Sobre tudo havia um repouso voluptuoso. Que lugar, pensei, para uma lua-de-mel, se uma noiva Gy fosse um pouco menos formidavelmente armada não apenas com os direitos de mulher, mas com os poderes de um homem! Mas quando alguém pensa em uma Gy tão sábia, tão alta, tão majestosa, tão acima do padrão de criatura que nós chamamos mulher como era Zee, não! Mesmo que eu não sentisse medo de ser reduzido a cinzas, não seria com ela que eu sonharia naquele retiro construído para sonhos de amor poético.

Os autômatos reapareceram, servindo um daqueles deliciosos líquidos que formam os inocentes vinhos dos Vril-ya.

– Realmente – eu disse – esta é uma residência encantadora, e eu mal posso conceber por que você não se instala aqui ao invés das sombrias moradias da cidade.

– Como responsável da comunidade pela administração da luz, sou forçado a residir principalmente na cidade e só posso vir aqui por curtos intervalos.

– Mas como fiquei sabendo de você que nenhuma honra é dada ao seu ofício e envolve alguns problemas, por que você o aceita?

– Todos nós obedecemos sem questionar o comando do Tur. Ele disse: "Determine-se que Aph-Lin seja o Encarregado da Luz", então não tive escolha; mas agora, tendo exercido o ofício por um longo tempo, as preocupações, que no começo não eram bem vindas, se tornaram, se não agradáveis, ao menos suportáveis. Nós todos somos formados por costume; até a diferença

Edward George Bulwer-Lytton

de nossa raça dos selvagens é transmitida pela continuação dos costumes que se transforma, através da descendência hereditária, parte e parcela de nossa natureza. Veja que há Ana que até se harmonizam com as responsabilidades do magistrado chefe, mas ninguém faria isso se seus deveres não tivessem se tornado tão leves, ou se houvesse quaisquer questões envolvendo a concordância com seus pedidos.

– Nem mesmo se você achasse os pedidos injustos ou não inteligentes?

– Não nos permitimos pensar assim, e de fato, tudo continua como se todos se governassem de acordo com costumes imemoriais.

– Quando o magistrado chefe morre ou se aposenta, como vocês determinam o seu sucessor?

– O An que desempenhou os deveres de magistrado chefe por muitos anos é a melhor pessoa para escolher alguém que possa entender esses deveres, e ele geralmente nomeia seu sucessor.

– Seu filho, talvez?

– Raramente; pois não é um ofício que alguém deseje ou procure, e um pai naturalmente hesita em constranger seu filho. Mas se o Tur mesmo se recusa a fazer a escolha, por medo que possa ser considerado que ele tinha algum rancor pela pessoa na qual sua escolha recaiu, então há três do Colégio dos Sábios que sorteiam entre eles mesmos quem terá o poder de eleger o chefe. Consideramos que o julgamento de um An de capacidade normal é melhor que o julgamento de três ou mais, por mais sábios que possam ser; pois entre três provavelmente haveria disputas; e onde há disputas, a paixão enevoa o julgamento. A pior escolha feita por um que não tem nenhum motivo para escolher errado é melhor que a melhor escolha feita por muitos que têm muitos motivos para não escolher certo.

– Você inverte em sua política as máximas adotadas em meu país.

– Estão todos vocês, em seu país, satisfeitos com seus governadores?

– Todos, certamente não; os governadores que mais agradam alguns são certamente aqueles que mais desagradam outros.

– Então nosso sistema é melhor que o seu.

– Para você pode ser; mas de acordo com nosso sistema um Tish não poderia ser reduzido a cinzas se uma mulher o forçasse a casar com ela; e como um Tish eu desejo retornar ao meu mundo natal.

— Tenha coragem, meu querido convidado; Zee não pode forçá-lo a se casar com ela. Ela pode apenas seduzi-lo a fazer isso. Não seja seduzido. Venha e dê uma olhada em minhas terras.

Fomos para um pátio, rodeado com galpões; pois embora os Ana não mantenham nenhum estoque de comida, há alguns animais que eles criam para ordenhar e outros para a tosquia. Os primeiros não lembram em nada nossas vacas, nem os últimos nossos carneiros, e não acredito que tais espécies existem entre eles. Eles usam o leite de três variedades de animais; um lembra o antílope, mas muito maior, sendo tão alto como um camelo; os outros dois são menores e, embora um tanto quanto diferentes entre eles, não lembram nenhuma criatura que eu já tenha visto na terra. Eles são muito luzidios e de proporções arredondadas; suas cores como de cervo malhado, com expressões muito calmas e bonitos olhos escuros. O leite dessas três criaturas difere em riqueza e em gosto. É normalmente diluído em água, e temperado com o suco de uma fruta peculiar e perfumada, e que é muito nutritiva e palatável. O animal cuja lã serve para eles para roupa e muitos outros propósitos, é muito mais parecido com a cabra italiana que qualquer outra criatura, mas consideravelmente maior, não tem chifres e não tem o desagradável cheiro de nossas cabras. Sua lã não é grossa, mas bem longa e fina; varia em cor, mas nunca é branca, geralmente de um tom de ardósia ou lavanda. Para roupagem é geralmente usada tingida para satisfazer o gosto do usuário. Esses animais eram extremamente mansos e eram tratados com extraordinário cuidado e afeição pelas crianças (principalmente meninas) que cuidavam deles.

Fomos, então, por grandes armazéns cheios de grãos e frutas. Posso observar aqui que o principal item de comida entre essas pessoas consiste primeiro em um tipo de milho com espiga muito maior que nosso trigo e que por hábito é perpetuamente cultivado em novas variedades de sabor; e, em segundo, de uma fruta mais ou menos do tamanho de uma laranja que, quando colhida, é dura e mais azeda. È guardada por muitos meses em seus armazéns, e então se torna suculenta e tenra. Seu suco, que é de uma cor vermelha escuro, entra em muitos de seus temperos. Eles têm muitos tipos de fruta como azeitonas, das quais são extraídos óleos deliciosos. Têm uma planta que lembra um pouco a cana-de-açúcar, mas seu suco é menos doce e de

Edward George Bulwer-Lytton

um delicado perfume. Não têm abelhas nem insetos que fazem mel, mas fazem muito uso de uma goma doce que verte de uma planta conífera, como a araucária. Seu solo abunda também em raízes e verduras comestíveis, que é o objetivo de sua cultura melhorar e variar ao máximo. E não me lembro de nenhuma refeição entre esse povo, embora possa estar confinado à casa da família, na qual alguma delicada novidade em tais artigos de comida não fosse introduzida. Como observei antes, sua culinária é requintada, tão diversificada e nutritiva que ninguém sente falta de carne; e suas próprias formas físicas são suficientes para mostrar que com eles, ao menos, carne não é necessária para uma produção superior de fibra muscular. Eles não têm uvas; as bebidas extraídas de suas frutas são inocentes e refrescantes. Sua principal bebida, entretanto, é água, em cuja escolha eles são muito cuidadosos, distinguindo imediatamente a menor impureza.

– Meu filho mais novo tem grande prazer em aumentar nossa produção – disse Aph-Lin conforme passávamos pelos armazéns – e, portanto, herdará essas terras que constituem a maior parte de minha riqueza. Para meu filho mais velho tal herança seria um grande problema e aflição.

– Há muitos filhos entre vocês que acham a herança de grande riqueza problema e aflição?

– Certamente; há, na verdade, muito poucos dos Vril-ya que não consideram que uma fortuna muito acima da média seja um fardo pesado. Nós somos um povo muito preguiçoso depois da infância e não gostamos de passar por mais preocupações do que podemos aguentar, e uma grande riqueza dá a seu dono muitas preocupações. Por exemplo, isso nos indica para ofícios públicos, que nenhum de nós gosta e nenhum de nós pode recusar. Requer um interesse contínuo aos assuntos de qualquer de nossos mais pobres compatriotas, de tal forma que possamos antecipar suas necessidades e ver que nenhum caia na pobreza. Há um velho provérbio entre nós que diz: "A necessidade do homem pobre é a vergonha do homem rico".

– Perdoe se o interrompo por um momento. Vocês, então, permitem que alguns, mesmo de Vril-ya, conheçam a necessidade e precisem de ajuda?

– Se por necessidade você quer dizer a privação que prevalece em um Koom-Posh, é impossível para nós, exceto que um An tenha, por algum processo extraordinário, se livrado de todos os seus recursos, não possa ou não vá emigrar, e tenha também consumido a ajuda afetuosa de seus parentes ou amigos pessoais, ou se recuse a aceitá-la.

– Bem, então, ele não supre o lugar de uma criança ou autômato, e se transforma em um trabalhador como empregado?

– Não; então nós o consideramos como uma pessoa desafortunada, de pensamento fraco, e o colocamos, às custas do Estado, em um prédio público, onde todo conforto e todo luxo que possa abrandar sua aflição são dados em exagero. Mas um An não gosta de ser considerado louco e, portanto, tais casos ocorrem tão raramente que o prédio público a que me refiro é agora uma ruína vazia, e o último morador foi um An que eu lembro ter visto na minha infância. Ele não parecia consciente da perda da razão e escreveu glaubs (poesia). Quando falo de necessidades, quero dizer aquelas necessidades em que um An deseja mais que seus recursos às vezes permitem; caras aves canoras, ou casas maiores, ou sítios no campo; e a óbvia maneira de satisfazer tais necessidades é comprar dele algo que ele venda. Portanto Ana como eu mesmo, que são muito ricos, são obrigados a comprar muitas coisas que não pedem, e vivem numa grande escala quando prefeririam viver em uma pequena. Por exemplo, o grande tamanho de minha casa na cidade é uma fonte de muitos problemas para minha esposa e até para mim mesmo; mas sou obrigado a tê-la assim incomodamente grande porque, como o An mais rico da comunidade, sou indicado a receber os estranhos das outras comunidades quando eles nos visitam, o que eles fazem em grandes multidões duas vezes por ano, quando acontecem certos entretenimentos, e quando os familiares espalhados por todos os domínios de Vril-ya alegremente se reúnem por algum tempo. Essa hospitalidade, em uma escala tão grande, não é de meu gosto e, portanto, eu seria bem mais feliz se eu fosse menos rico. Mas devemos tolerar a parte a nós designada nessa curta passagem através do tempo que nós chamamos vida. Além do mais, o que são cem anos, mais ou menos, para o tempo pelo qual devemos passar após a morte? Felizmente, tenho um filho que gosta de grandes fortunas. É uma rara exceção à regra geral, e eu mesmo não consigo entender isso.

Depois dessa conversa eu procurei voltar ao assunto que continuava a pesar em meu coração, ou seja, as chances de escapar de Zee. Mas meu anfitrião educadamente se recusou a retomar esse tópico e chamou nosso barco aéreo. No caminho de volta nos encontramos com Zee que, tendo visto que tínhamos saído, ao voltar do Colégio dos Sábios, havia desfraldado suas asas e voado em nosso procura.

Sua fisionomia majestosa, mas não atraente para mim, brilhou ao me ver e, pairando ao lado do barco em sua grande plumagem aberta, ela disse de forma reprovadora a Aph-Lin:

– Ó, pai, foi certo você colocar em perigo a vida de seu convidado em um veículo ao qual ele não está acostumado? Ele poderia, por um movimento incauto, cair; e ele não é como nós, ele não tem asas. Seria a morte para ele cair. Querido – acrescentou, aproximando-se de mim, em uma voz mais suave – você não pensa em mim, que você assim colocaria em perigo uma vida que se tornou quase uma parte de mim? Nunca seja assim impetuoso novamente, a menos que eu esteja em sua companhia. Que medo você me causou!

Olhei furtivamente para Aph-Lin esperando, ao menos, que ele reprovasse com indignação sua filha por expressões de ansiedade e afeição que, sob todas as circunstâncias, seria considerado, no mundo sobre a terra, indecorosos nos lábios de uma jovem mulher, dirigidas a um homem que não fosse seu noivo, mesmo que no mesmo nível que ela.

Mas tão fortes são os direitos das mulheres naquela região, e tão absolutamente em primeiro lugar entre esses direitos as mulheres reclamam o privilégio da corte, que Aph-Lin não pensaria mais em reprovar sua filha virgem do que pensaria em desobedecer o Tur. Naquele país, costume, como ele deu a entender, é tudo.

Ele respondeu suavemente:

– Zee, o Tish não estava em perigo, e creio que ele pode muito bem tomar conta de si mesmo.

– Eu preferiria que ele me deixasse tomar conta dele. Ó, coração de meu coração, foi ao pensar no perigo que corria que eu senti pela primeira vez quanto eu o amava!

Nunca um homem se sentiu em uma posição tão irreal como eu me senti. Essas palavras foram ditas altas ao alcance do ouvido do pai de Zee – ao alcance da criança que pilotava. Enrubesci de vergonha por eles e por ela, e não pude evitar responder, bravo:

– Zee, ou você zomba de mim, o que, como convidado de seu pai não fica bem para você, ou as palavras que você profere são impróprias para uma Gy solteira dirigir até para um An de sua própria raça se ele não a cortejou com o consentimento de seus pais. Tão mais impróprios dirigi-las a um Tish, que nunca solicitou seu afeto, e que nunca pode legar a você outros sentimentos que não de reverência e temor.

Aph-Lin me fez um sinal disfarçado de aprovação, mas não disse nada.

– Não seja cruel! – exclamou Zee, ainda em tom sonoro – Pode o amor comandar a si mesmo quando é realmente sentido? Você supõe que uma Gy solteira esconderá um sentimento que a eleva? De que país você deve ter vindo!

Aqui Aph-Lin gentilmente se interpôs, dizendo:

– Entre os Tish os direitos de seu sexo não parecem estar estabelecidos, e de qualquer maneira meu convidado pode conversar com você mais livremente se não estiver reprimido pela presença de outros.

A esse comentário Zee não retrucou mas, me dirigindo um terno olhar reprovador, agitou suas asas e partiu para casa.

– Eu contava, ao menos, com alguma ajuda de meu anfitrião – disse eu, amargamente – nos perigos aos quais sua própria filha me expôs.

– Eu lhe dei a melhor ajuda que podia. Contradizer uma Gy em seus assuntos amorosos é confirmar seu intento. Ela não permite que nenhum conselho se interponha entre ela e seus afetos.

Edward George Bulwer-Lytton

Capítulo 24

Ao descer do barco aéreo, uma criança dirigiu-se a Aph-Lin no saguão com um pedido para que ele estivesse presente na cerimônia fúnebre de um parente que havia partido recentemente daquele mundo.

Eu nunca havia visto um lugar para enterro ou cemitério entre esse povo e, feliz por aproveitar até tão melancólica ocasião para adiar um encontro com Zee, perguntei a Aph-Lin se me seria permitido assistir com ele ao enterro de seu parente; a menos, é claro, que fosse considerado como um daquelas cerimônias sagradas à qual um estranho a sua raça não seria admitido.

– A partida de um An para um mundo mais feliz – respondeu meu anfitrião –, quando, como no caso de meu parente, ele viveu neste tanto tempo a ponto de perder o prazer nele, é mais um alegre festival, embora silencioso, do que uma cerimônia sagrada e você pode me acompanhar se desejar.

Precedidos pela criança mensageira, andamos pela rua principal até uma casa a alguma distância e, entrando no saguão, fomos conduzidos para um aposento no térreo onde encontramos muitas pessoas reunidas ao redor de um sofá no qual estava deitado o falecido. Era um homem velho que tinha vivido, como me foi dito, mais de cento e trinta anos. A julgar pelo sorriso calmo em sua expressão, ele passara sem sofrimento. Um de seus filhos, que era agora o chefe da família, e que parecia estar em vigorosa meia idade, embora tivesse consideravelmente mais de setenta anos, deu um passo a frente com um rosto alegre e disse a Aph-Lin que um dia antes de morrer, seu pai tinha visto em sonho sua falecida Gy, e estava ansioso em se unir a ela e voltar à juventude, sob o sorriso mais próximo do Todo-Bondade.

Enquanto esses dois estavam conversando, minha atenção voltou-se para uma escura substância metálica na outra ponta do recinto. Tinha aproximadamente seis metros de comprimento, estreito em proporção, e todo fechado em volta, exceto perto do teto, onde havia pequenos buracos redondos através dos quais podia ser vista uma luz vermelha. Do interior emanava um rico e doce perfume; e enquanto eu conjeturava qual seria o propósito dessa máquina, todos os relógios na cidade marcaram a hora com seus solenes e musicais carrilhões; e quando aquele som parou, música de característica mais alegre, mas ainda de uma alegria suave e tranquila, tocou através da câmara, e das paredes um coro ressoava. Junto com a melodia, os presentes levantaram suas vozes em canto. A letra do hino era simples. Não expressavam arrependimento, nem adeus, mas sim uma saudação ao novo mundo para onde o falecido havia precedido o vivo. De fato, em sua língua, o hino fúnebre se chama "Canção do Nascimento". Então o corpo, coberto por uma longa mortalha, foi carinhosamente levantado por seis dos parentes mais próximos e levado em direção à coisa escura que eu havia descrito. Fui adiante para ver o que acontecia. Uma porta corrediça ou painel em uma ponta foi levantada, o corpo depositado dentro, sobre uma saliência, a porta fechada, uma mola ao lado tocada, um repentino barulho, um som soprado de dentro; e, veja!, na outra ponta da máquina a tampa caiu e pequena porção de poeira ardente caiu em uma urna colocada para recebê-la. O filho pegou a urna e disse (no que eu entendi depois que era a fórmula usual das palavras):

– Contemplem quão grande é o Criador! A esse pouco de poeira Ele deu forma, vida e alma. Não é necessário esse pouco de poeira para Ele renovar forma, vida e alma ao amado que logo veremos novamente.

Todos os presentes curvaram as cabeças e apertaram as mãos contra o coração. Então uma menina abriu uma pequena porta dentro da parede e eu percebi, na reentrância, prateleiras sobre as quais estavam colocadas muitas urnas como aquela que o filho segurava, exceto que todas elas tinham coberturas. Uma Gy agora se aproximava do filho com a cobertura e a colocava sobre a taça, que se fechava com uma mola. Na tampa estava gravado o nome do falecido e estas palavras: "Emprestado a nós" (aqui a data de nascimento). "Chamado de volta de nós" (aqui a data da morte).

A porta se fechou com um som musical, e estava tudo terminado.

Capítulo 25

— E isto — disse eu, com minha mente ainda repleta daquilo que tinha testemunhado —, presumo, é sua forma habitual de enterro.

— Nossa forma invariável — respondeu Aph-Lin — Como é entre seu povo?

— Nós enterramos o corpo inteiro dentro da terra.

— O que? Para degradar a forma que você amou e honrou, a esposa em cujo peito você dormiu, à repugnância da putrefação?

— Mas se a alma vive de novo, importa se o corpo definha dentro da terra ou é reduzido por aquele terrível mecanismo, que sem dúvida funciona pela ação do vril, a um punhado de pó?

— Respondeu bem — disse meu anfitrião — e não há argumento em assuntos de sentimento; mas para mim, seu costume é horrível e repulsivo, e serviria para investir a morte de associações deprimentes e medonhas. É algo, também, para mim, para poder preservar o símbolo do que foi nosso parente ou amigo dentro da moradia onde vivemos. Nós, assim, sentimos mais intensamente que ele ainda vive, embora não visivelmente para nós. Mas nossos sentimentos sobre isso, como sobre todas as coisas, são criados pelo costume. O costume não é para ser mudado por um An sensato, não mais do que é por uma Comunidade sensata, sem a mais séria deliberação seguida da mais cuidadosa convicção. É somente assim que a mudança para de ser inconstância, e uma vez feita é feita para sempre.

Quando retornamos a casa, Aph-Lin convocou algumas das crianças a seu serviço e as enviou a muitos de seus amigos, solicitando sua presença naquele dia, durante as Horas Sociais, para um festival em honra do chamamento de seu parente de volta para o Todo-Bondade. Essa foi a maior e mais alegre reunião que testemunhei durante minha estada entre os Ana, e se prolongou até as Horas Silenciosas.

O banquete foi servido em uma grande câmara reservada especialmente para ocasiões grandiosas. Esse diferia de nossas diversões e não foi sem uma certa semelhança com aqueles sobre os quais lemos no luxuoso tempo do império romano. Não havia uma grande mesa colocada, mas numerosas mesas pequenas, cada uma apropriada para oito convidados. Considera-se que além desse número a conversa degenera e a amizade esfria. Os Ana nunca riem alto, como observei antes, mas o soar alegre de suas vozes nas várias mesas sinalizava alegria no relacionamento. Como eles não têm bebidas estimulantes, e são equilibrados na comida, embora tão variada e saborosa, o banquete em si não durou muito. As mesas desceram através do chão e, então, vieram entretenimentos musicais para aqueles que gostavam disso. Muitos, no entanto, saíram; alguns dos mais jovens subiram com suas asas, pois o saguão não tinha teto, formando danças aéreas; outros passeavam pelos vários apartamentos, examinando as curiosidades que eram guardadas, ou formavam grupos para vários jogos, sendo o favorito deles um tipo complicado de xadrez jogado por oito pessoas. Misturei-me à multidão, mas era impedido de me juntar às suas conversas pela constante companhia de um ou outro filho de meu anfitrião, nomeados para me manter afastado de questionamentos impertinentes. Os convidados, no entanto, mal me notavam; eles haviam se acostumado à minha aparência, me vendo tão frequentemente nas ruas, e eu parei de criar muita curiosidade.

Para minha grande alegria, Zee me evitava e evidentemente procurava excitar meus ciúmes com notável atenção a um jovem An muito formoso que (embora, como é o modesto costume dos homens quando procurados por mulheres, ele respondesse com olhar baixo e rosto vermelho e era recatado e tímido como as jovens senhoras, novas para o mundo, são em muitos países civilizados, exceto Inglaterra e Estados Unidos) estava evidentemente muito encantado pela alta Gy, e pronto para balbuciar um acanhado "Sim" se ela realmente o pedisse em casamento. Desejando intensamente que ela o fizesse, e mais e mais avesso à ideia de redução a cinzas depois de ter visto a rapidez com que um corpo humano pode ser transformado em um punhado de pó, me distraí vendo os modos dos outros jovens. Tive a satisfação de observar que Zee não era uma proclamadora singular dos mais valorosos direitos da mulher. Para onde quer que eu voltasse os olhos, ou a atenção de meus ouvidos, me parecia que a Gy era a parte cortejadora e o An era o envergonhado e relutante. O ar muito inocente que um An dava a si mesmo ao ser assim cortejado, a perícia com a qual ele se esquivava de respostas diretas de declarações de união, ou transformava em brincadeira os lisonjeiros elogios endereçados a ele, teriam honrado a mais faceira das mulheres. Meus acompanhantes eram grandemente sujeitos a essas influências sedutoras, e ambos se saíam muito bem, com louvor, com tato e autocontrole.

Eu disse ao filho mais velho, que preferia serviços mecânicos à gerência de uma grande propriedade, e que era de um temperamento eminentemente filosófico:

— Acho difícil de conceber como na sua idade, e com todos os efeitos intoxicantes dos sentidos, da música, luzes e perfumes, você possa ser tão frio com aquela apaixonada Gy que acabou de deixá-lo, com lágrimas nos olhos pela sua crueldade.

O jovem An replicou com um suspiro:

— Gentil Tish, o maior infortúnio na vida é casar com uma Gy se você ama uma outra.

— Ah, você ama outra?

— É...sim.

— E ela não corresponde a seu amor?

— Eu não sei. Às vezes um olhar, um som, me faz esperar que sim; mas ela nunca disse claramente que me ama.

— Você não suspirou em seu ouvido que a ama?

— Que vergonha! O que você está pensando? De que mundo você vem? Poderia eu trair a dignidade de meu sexo? Poderia eu ser tão contrário ao que um An é, perdido na vergonha, ao confessar meu amor a uma Gy que não tenha confessado o dela primeiro para mim?

— Perdão. Eu não tinha consciência que você levava a modéstia do seu sexo tão a sério. Mas nenhum An nunca diz para uma Gy "Eu te amo" até que ela diga isso primeiro a ele?

Edward George Bulwer-Lytton

– Não posso dizer que nenhum An alguma vez tenha feito isso, mas se alguma vez fizer, cairá em desgraça aos olhos dos Ana, e será secretamente desprezado pelas Gy-ei. Nenhuma Gy bem educada, daria ouvidos a ele; consideraria que ele infringiu de forma audaciosa os direitos do sexo dela, insultando a modéstia que dignifica seu próprio sexo. É muito provocador, – continuou o An – pois a que amo certamente não cortejou nenhum outro, e não posso deixar de pensar que ela gosta de mim. Às vezes suspeito que ela não me corteja porque teme que eu peça alguma coisa insensata como desistir de seus direitos. Mas se for assim, ela não pode realmente me amar, pois onde uma Gy realmente ama, ela renuncia a todos os direitos.

– Esta jovem Gy está presente?

– Ah, sim. Está sentada naquela direção, conversando com minha mãe.

Eu olhei na direção para onde meus olhos foram guiados e vi uma Gy vestida com uma túnica de um vermelho brilhante, que entre esse povo é um sinal de que uma Gy ainda prefere ser solteira. Usa-se cinza, um tom neutro, para indicar que ela está procurando um marido; púrpuro escuro se ela deseja declarar que fez uma escolha; púrpura e laranja quando ela está noiva ou casada; azul claro quando é divorciada ou viúva e casaria novamente. Azul claro é, obviamente, raramente visto.

Entre um povo onde todos são de um alto tipo de beleza, é difícil escolher alguém como peculiarmente bonito. A escolha de meu jovem amigo me parecia alcançar a média da beleza; mas havia uma expressão em seu rosto que me agradou mais do que os rostos das jovens Gy-ei em geral, porque parecia menos arrojado, menos consciente dos direitos femininos. Observei que, enquanto ela conversava com Bra, ela olhava, de tempos em tempos, pelo canto do olho, para meu jovem amigo.

– Coragem – eu disse –, aquela jovem Gy ama você.

– Ah...mas se ela não disser, como posso ser o melhor para seu amor?

– Sua mãe está ciente de sua afeição?

– Talvez sim. Eu nunca confessei isso a ela. Seria contra a natureza de um An confidenciar tal fraqueza para uma mãe. Eu contei para meu pai; ele pode ter dito isso à sua esposa.

– Você permitiria que eu o deixasse por um momento e passasse pela sua mãe e pela sua amada? Estou certo que elas estão falando de você. Não hesite. Prometo que não me permitirei ser questionado até me juntar a você de novo.

O jovem An apertou a mão sobre meu coração, me tocou levemente na cabeça e me permitiu me afastar. Infiltrei-me sem ser observado atrás de sua mãe e de sua amada. Ouvi sua conversa. Bra estava falando; disse ela:

— Não pode haver dúvida quanto a isso: ou meu filho, que está na idade de casar, será seduzido pelo casamento com uma de suas muitas pretendentes, ou ele se unirá àqueles que emigram a lugares distantes e não o veremos mais. Se você realmente gosta dele, minha querida Lo, deveria pedi-lo em casamento.

— Eu realmente gosto dele, Bra; mas duvido se realmente poderia ganhar seu afeto. Ele gosta de suas invenções e relógios; e eu não sou como Zee, mas sim tão maçante que temo que não poderia ficar entre suas ocupações favoritas, e então ele ficaria cansado de mim e ao fim de três anos se divorciaria de mim, e eu não nunca poderia me casar de novo...nunca.

— Não é necessário conhecer relógios para saber como ser tão necessária à felicidade de um An que se interessa por relógios, que ele preferiria desistir dos relógios a se divorciar de sua Gy. Veja, minha querida Lo, - continuou Bra – que precisamente porque nós somos o sexo mais forte, nós dominamos o outro, contanto que nós nunca mostremos nossa força. Se você fosse superior ao meu filho em fazer relógios e autômatos, você deveria, como sua esposa, sempre deixá-lo supor que você o achasse superior a você mesma naquele trabalho. O An tacitamente permite a preeminência da Gy exceto em sua própria ocupação especial. Mas se ela o excede nisso, ou finge não admirá-lo por sua proficiência, ele não a amará por muito tempo; talvez ele possa até se divorciar dela. Mas onde uma Gy realmente ama, ela logo aprende a amar tudo que o An faz.

A jovem Gy não respondeu a essa colocação. Olhou para baixo pensativa, então um sorriso se insinuou em seus lábios e ela se levantou, ainda em silêncio, e foi através da multidão até que parou ao lado do jovem An que a amava. Eu segui seus passos, mas discretamente fiquei a uma curta distância enquanto os observava. Um pouco para minha surpresa, até que lembrei as táticas recatadas entre os Ana, o amante parecia receber seus avanços com um ar de indiferença. Ele até se afastou, mas ela seguiu seus passos e, pouco tempo depois, ambos abriram suas asas e desapareceram no luminoso espaço acima deles.

Edward George Bulwer-Lytton

Apenas então fui interpelado pelo magistrado chefe, que se misturou na multidão, não sendo distinguido por sinais de deferência ou homenagem. Assim acontecia que eu não vira esse grande dignitário desde o dia que entrei em seus domínios e, lembrando das palavras de Aph-Lin sobre sua terrível dúvida se eu deveria ser dissecado ou não, um calafrio me tomou ao ver sua tranquila expressão.

– Ouço muito sobre você, forasteiro, de meu filho Taë. – disse o Tur, colocando a mão gentilmente sobre minha cabeça abaixada – Ele gosta muito de sua companhia, e acredito que você não esteja descontente com os costumes de nosso povo.

Murmurei alguma resposta inteligível que pretendia ser uma garantia de minha gratidão pela gentileza que eu recebera do Tur e minha admiração por seus conterrâneos, mas o bisturi de dissecação cintilava ante os olhos de minha mente e sufocou minha fala. Uma voz mais macia disse:

– Amigo de meu irmão também me é querido.

E olhando para cima vi uma jovem Gy, que deveria ter dezesseis anos, parada ao lado do magistrado e me observando com uma expressão muito agradável. Ela não havia ainda crescido totalmente e era pouco mais alta do que eu (ou seja, em torno de 1,75m) e, graças àquela estatura comparativamente pequena, eu a achei a mais amável Gy que eu tinha visto até então. Suponho que alguma coisa em meus olhos revelou essa impressão, pois sua expressão se tornou ainda mais agradável.

– Taë me conta – disse ela – que você ainda não aprendeu a se acostumar com asas. Isso me entristece, pois eu teria gostado de voar com você.

– Ah...Eu não tenho esperança de desfrutar dessa felicidade. Zee me assegurou que o uso seguro de asas é um dom hereditário e levaria gerações antes que alguém de minha raça pudesse pairar no ar como um pássaro.

– Não deixe esse pensamento o aborrecer muito – replicou essa amável princesa – pois, afinal de contas, deve chegar o dia em que Zee e eu deveremos renunciar a nossas asas para sempre. Talvez quando esse dia chegar poderíamos ficar felizes se o An que escolhemos estivesse também sem asas.

O Tur nos deixou e estava perdido entre a multidão. Comecei a me sentir a vontade com a charmosa irmã de Taë, e a choquei pela audácia de meu elogio ao responder que "nenhum An que ela escolhesse jamais usaria suas asas para voar para longe dela". É tão contra o costume para um An dizer tais cortesias a uma Gy até que ela tenha declarado sua paixão por ele, sendo aceito como seu noivo, que a jovem solteira ficou calada por alguns momentos. Entretanto ela não parecia descontente. Finalmente, já recuperada, ela me convidou para acompanhá-la até um dos aposentos menos abarrotados e ouvir as canções dos pássaros. Segui seus passos conforme ela deslizava na minha frente e ela me conduziu a uma câmara quase deserta. Uma fonte de nafta jorrava no centro do aposento; em volta dela estavam arranjados macios divãs e as paredes do aposento eram abertas em um lado para o viveiro no qual os pássaros gorjeavam seus coros artísticos. A Gy se sentou em um dos divãs e eu me coloquei a seu lado.

– Taë me conta – disse ela – que Aph-Lin tornou lei em sua casa que você não deve ser questionado sobre o país de onde vem ou a razão pela qual nos visita. É verdade?

– É.

– Posso, ao menos, sem pecar contra essa lei, perguntar se as Gy-ei em seu país são da mesma cor pálida que você, e não tão altas?

– Eu não acho, bela Gy, que eu infrinja a lei de Aph-Lin, que é mais proibitiva para eu mesmo que qualquer outro, ao responder perguntas tão inocentes. As Gy-ei no meu país são de um tom muito mais claro que eu e sua altura, em média, é, no mínimo, uma cabeça mais baixa que a minha.

– Elas não podem, então, ser tão fortes como os Ana entre vocês? Mas suponho que sua força vril superior compensa tão extraordinária desvantagem de tamanho.

– Elas não usam a força vril como você conhece. Mas, ainda assim, elas são muito poderosas em meu país, e um An tem pouca chance de uma vida feliz se ele não for mais ou menos governado por sua Gy.

– Você fala com emoção. – disse a irmã de Taë, em um tom de voz meio triste, meio petulante – Você é casado, naturalmente.

– Não. Certamente não.

– Nem noivo?

– Nem noivo.

– É possível que nenhuma Gy o tenha pedido em casamento?

– Em meu país a Gy não pede em casamento; o An fala primeiro.

– Que estranha inversão das leis da natureza! – disse a senhorita – E que falta de humildade no seu sexo! Mas você nunca pediu em casamento ou nunca amou uma Gy mais que outra?

Senti-me embaraçado com essas ingênuas perguntas e disse:

– Desculpe-me, mas acho que estamos começando a infringir a ordem de Aph-Lin. Portanto, isso será o máximo que responderei e, então, imploro, não me pergunte mais. Realmente uma vez senti a preferência da qual você fala; realmente a pedi em casamento e a Gy me aceitaria com alegria, mas seus pais recusaram seu consentimento.

– Pais! Você está querendo me dizer seriamente que os pais podem interferir com a escolha de suas filhas?

– Certamente podem, e o fazem com frequência.

– Eu não gostaria de viver nesse país – disse a Gy, simplesmente –, mas espero que você nunca volte para lá.

Abaixei a cabeça em silêncio. A Gy gentilmente levantou meu rosto com a mão direita, e me olhou ternamente, dizendo:

– Fique conosco; fique conosco e seja amado.

O que eu poderia ter respondido, que perigos de se tornar cinzas eu poderia ter encontrado, eu ainda tremo ao pensar, quando a luz da fonte de nafta foi obscurecida pela sombra de asas; e Zee, voando através do teto aberto, pousou ao nosso lado. Ela não disse uma palavra mas, pegando meu braço com sua poderosa mão, me puxou, como uma mãe puxa uma criança desobediente, e me conduziu através dos apartamentos a um dos corredores, no qual, pelo mecanismo que eles geralmente preferem ao invés de escadas, subimos ao meu quarto. Ao chegarmos, Zee soprou sobre minha testa, tocou meu peito com seu cajado e eu fui instantaneamente mergulhado em um profundo sono.

Quando acordei algumas horas mais tarde e ouvi a canção dos pássaros no viveiro anexo, a lembrança da irmã de Taë, seus olhares gentis e palavras carinhosas vividamente me voltaram; e tão impossível é para alguém nascido e criado na sociedade de nosso mundo da superfície remover de si ideias ditadas pela vaidade e ambição, que me encontrei instintivamente construindo orgulhosos castelos no ar.

Embora eu fosse um Tish – assim corriam meus pensamentos – está claro, então, que Zee não é a única Gy que minha aparência pode cativar. Evidentemente eu sou amado por uma PRINCESA, a primeira donzela dessa terra, a filha do monarca absoluto cuja autocracia eles procuram disfarçar tão preguiçosamente pelo título republicano de magistrado chefe. Se não fosse pelo súbito ataque daquela horrível Zee, essa Dama Real teria me pedido em casamento formalmente; e embora pudesse estar tudo bem para Aph-Lin, que é apenas um ministro subordinado, um mero Encarregado da Luz, ameaçar-me com a destruição se eu aceitar a mão de sua filha, um soberano, cuja palavra é lei, poderia compelir a comunidade a abolir qualquer costume que proíbe casamentos interraciais e que por si só, é uma contradição à sua ostentada igualdade de classes.

Não é de se esperar que sua filha, que fala com tal incrédulo desprezo da interferência dos pais, não tivesse suficiente influência com seu Pai Real para me salvar da combustão à qual Aph-Lin condenaria meu corpo. E se eu fosse elogiado por tal aliança, quem sabe o monarca poderia me eleger como seu sucessor. Por que não? Poucos entre essa raça indolente de filósofos gostam da carga de tal grandeza. Seria agradável ver o poder supremo alojado nas mãos de um completo estranho que tem experiência de outras formas mais vívidas de existência; e, uma vez escolhido, que reformas eu instituiria! Que incrementos à realmente agradável, mas muito monótona, vida desse reino minha familiaridade com as nações civilizadas sobre a terra poderia trazer! Sou fã de esportes de campo. Próximo à guerra, não é a caça o passatempo de um rei? Em que variedades de estranhos jogos esse mundo subterrâneo abunda! Como seria interessante abater criaturas que eram conhecidas sobre a terra antes do Dilúvio! Mas como? Por aquele terrível vril, no qual, da falta de transmissão hereditária, eu nunca poderia ser proficiente. Não, mas por um civilizado e útil carregador de armas, que esses engenhosos mecânicos poderiam não apenas fazer, mas, sem dúvida, melhorar; além disso, certamente eu vi um no Museu. De fato, como rei absoluto, eu poderia opor-me ao vril como um todo, exceto em casos de guerra. A propósito da guerra, é um perfeito absurdo limitar um povo tão inteligente, tão rico, tão bem armado, a um insignificante limite de território suficiente para dez ou doze mil famílias. Não é essa restrição uma mera estranha ideia filosófica, em desacordo com o elemento aspirante na natureza humana, como foi parcialmente tentado, e falhado totalmente, no mundo da superfície pelo falecido Sr. Robert Owen. É claro que ninguém iria à guerra contra nações vizinhas tão bem armadas como sua própria; mas então, o que seria daquelas regiões habitadas por raças que não conhecem o vril, e aparentemente lembram, em suas instituições democráticas, meus compatriotas americanos? Alguém poderia invadi--las sem atingir as nações vril, nossos aliados, apropriar-se de seus territórios, estendendo, talvez, às mais distantes regiões da terra subterrânea, e assim reinar sobre um império no qual o sol nunca se põe. (esqueci, em meu entusiasmo, que sobre aquelas regiões não havia sol para se pôr.) No que se refere à fantástica noção contra conceder fama ou renome a um eminente indivíduo porque, certamente, concessão de honra garante competição na busca dos mesmos, estimula coléricas paixões, e arruína a alegria da paz – é oposta aos elementos, não apenas dos humanos mas das criaturas animais, que são todas, embora domáveis, participantes do sentimento de mérito e competição. Que renome seria dado a um rei que assim estendesse seu império! Eu seria considerado um semideus.

Pensando nisso, a outra fanática noção de regular esta vida pela referência a alguém em quem, sem dúvida, nós cristãos acreditamos firmemente, mas nunca levamos em consideração, eu resolveria que uma filosofia esclarecida me compeliu a abolir uma religião pagã tão supersticiosamente em desacordo com o moderno pensamento e ação prática. Meditando sobre esses variados projetos, eu senti quanto teria gostado naquele momento de abrilhantar minhas faculdades mentais com um bom copo de uísque e água. Não que eu seja um habitual consumidor de álcool, mas certamente há vezes em que um pequeno estimulante de natureza alcoólica, junto com um charuto, aviva a imaginação. Sim; certamente entre essas ervas e frutas haveria um líquido do qual alguém poderia extrair um agradável álcool vinoso; e com um bife tirado de um daqueles alces (ah! que ofensa à ciência rejeitar comida animal que nossos melhores médicos concordam em recomendar para o suco gástrico da humanidade!) alguém certamente passaria uma hora mais estimulante de refeição. Então, também, ao invés daqueles antiquados dramas apresentados por amadores infantis, quando eu for rei certamente introduzirei nossa moderna ópera e um corpo de balé, para o qual alguém poderia achar, entre as nações que eu conquistar, jovens mulheres de altura e força menos formidáveis do que as Gy-ei – não armadas com vril, e não insistindo com alguém para casar-se com elas.

Eu estava tão embevecido nisso e em reformas similares,

políticas, sociais e morais, calculadas para aplicar ao povo do mundo subterrâneo as bênçãos de uma civilização conhecida das raças do mundo da superfície, que não percebi que Zee havia entrado na câmara até que ouvi um profundo suspiro e, levantando os olhos, a contemplei parada ao lado de meu sofá.

Não preciso dizer que, de acordo com os modos desse povo, uma Gy pode, sem indecoro, visitar um An em seu aposento, embora um An seria considerado atrevido e sem modéstia no mais alto grau se entrasse no aposento de uma Gy sem previamente obter sua permissão para tal. Felizmente eu estava completamente vestido, da forma que estava vestido quando Zee me colocou no sofá. Entretanto, me senti muito irritado, tanto quanto chocado por sua visita, e perguntei em um tom rude o que ela queria.

– Fale gentilmente, amado, eu suplico – disse ela –, pois estou muito infeliz. Não dormi desde que nos separamos.

– Um apropriado senso de sua vergonhosa conduta comigo como convidado de seu pai poderia muito bem ser suficiente para banir o sono de seus olhos. Onde estava a afeição que você finge ter por mim, onde estava até a educação da qual os Vril-ya se orgulham quando, tirando vantagem da força física na qual seu sexo, nessa extraordinária região, excede a nossa, e daqueles detestáveis e desrespeitosos poderes que a ação do vril investe em seus olhos e dedos, você me expôs à humilhação ante seus visitantes reunidos, ante Sua Alteza Real – quero dizer, a filha de seu próprio magistrado chefe – me carregando para a cama como uma criança desobediente e me mergulhando no sono sem pedir meu consentimento?

– Ingrato! Você me repreende pelas evidências de meu amor? Pode você achar que, mesmo se não picada pelo ciúme que está presente no amor até que desapareça em feliz confiança quando nós sabemos que o coração que cortejamos está ganho, eu poderia ficar indiferente aos perigos aos quais a audaciosa abertura daquela tola criancinha poderia te expor?

– Pare! Já que você apresentou o assunto dos perigos, talvez não convenha a mim dizer que meus mais iminentes perigos vêm de você mesma, ou ao menos viriam se eu acreditasse em seu amor e aceitasse suas investidas. Seu pai me falou claramente que nesse caso eu seria consumido em cinzas com tão pouco sentimento de culpa como se eu fosse o réptil que Taë explodiu em cinzas com o raio de seu bastão.

– Não deixe esse medo esfriar seu coração para mim. –

Edward George Bulwer-Lytton

exclamou Zee, jogando-se de joelhos e pegando minha mão direita em sua ampla palma – É verdade, certamente, que nós dois não podemos casar como aqueles da mesma raça casam; verdade que o amor entre nós deve ser puro como aquele que, em nossa crença, existe entre amantes que se unem na nova vida além daquela fronteira na qual a velha vida termina. Mas não é felicidade suficiente estar juntos, casados em mente e coração? Ouça: acabei de ver meu pai. Ele consente em nossa união nesses termos. Eu tenho suficiente influência com o Colégio dos Sábios para assegurar que seu pedido ao Tur não interfira com a livre escolha de uma Gy, contanto que seu casamento com alguém de outra raça seja apenas um casamento de almas. Oh, você pensa que amor verdadeiro precisa de uma união ignóbil? Não é que eu anseie apenas estar ao seu lado nesta vida, ser parte e parcela de suas alegrias e tristezas aqui: eu peço uma união que nos comprometa para todo o sempre no mundo dos imortais. Você me rejeita?

Conforme ela falava, se ajoelhou e toda a personalidade de seu rosto mudou; nada de austeridade restou de sua grandeza; uma luz divina, como a de um imortal, irradiava de sua beleza humana. Mas ela mais me apavorava como anjo do que me comovia como mulher, e depois de uma pausa embaraçosa, eu balbuciei expressões evasivas de gratidão e procurei, tão delicadamente quanto pude, mostrar quão humilhante seria minha posição entre sua raça na situação de um marido a quem nunca seria permitido o nome de "pai".

– Mas – disse Zee – esta comunidade não constitui o mundo inteiro. Não; nem todas as populações compreendem a união dos Vril-ya. Pelo teu bem eu renunciarei a meu país e meu povo. Voaremos juntos para alguma região onde estará a salvo. Sou forte o bastante para carregar-te sobre minhas asas através dos desertos que aparecerem pela frente. Sou habilitada o bastante para partir, entre as rochas, vales para construir nosso lar. Solidão e uma cabana com você seriam companhia e o universo. Ou voltarias tu ao teu próprio mundo, sobre a superfície deste, exposto a estações incertas e iluminado apenas pelos mutáveis orbes que constituem, pela tua descrição, o volúvel caráter daquelas regiões selvagens? Se sim, diz uma palavra, e eu abrirei caminho para teu retorno, de tal forma que eu seja tua companhia lá, embora, lá como aqui, apenas parceira de tua alma, e uma viajante companheira contigo para o mundo no qual não há separação e morte.

Eu não poderia deixar de me comover pela ternura, tão pura e apaixonada, com que essas palavras foram pronunciadas, e em uma voz que teria emprestado musicalidade aos sons mais duros na mais rude língua. E por um momento realmente me ocorreu que eu poderia me valer da ação de Zee para efetivar um seguro e rápido retorno ao mundo da superfície. Mas um curto espaço para reflexão foi suficiente para me mostrar quão desrespeitoso e sujo um retorno por tal devoção isso seria, para afastar de seu próprio povo e de um lar no qual eu havia sido tão hospitaleiramente tratado, uma criatura a quem nosso mundo seria tão repulsivo, e pelo estéril, mas espiritual amor, eu não conseguiria me apaziguar ao renunciar à afeição mais humana de donzelas menos exaltadas. Com esse sentimento de dever em relação à Gy combinado com outro de dever para com toda a raça a que eu pertencia, poderia eu me aventurar a colocar em nosso mundo um ser tão formidavelmente dotado; um ser que com um movimento de seu cajado poderia, em menos de uma hora, reduzir Nova York e seu glorioso Koom-Posh a um punhado de pó? Roubar seu cajado; com sua ciência ela poderia facilmente construir um outro; e com as luzes mortais com que era carregado o fino engenho.

Se assim perigosa às cidades e populações de todo o mundo da superfície, poderia ela ser uma companhia segura para mim no caso de sua afeição estar sujeita a mudar ou exasperar-se pelo ciúme? Esses pensamentos que precisam de tantas palavras para se expressar, passaram rapidamente através de minha mente e decidiram minha resposta.

– Zee – disse eu no mais suave tom que eu poderia, e pressionando respeitosamente meus lábios sobre a mão em cujo aperto a minha havia desaparecido –, eu não consigo encontrar palavras para dizer quão profundamente tocado estou, e quão altamente honrado estou, por um amor tão desinteressado e auto-sacrificante. Minha melhor resposta a isso é a perfeita franqueza. Cada povo tem seus costumes. Os costumes do seu não lhe permitem casar-se comigo; os costumes do meu são igualmente opostos à união entre pessoas de raças tão largamente diferentes. Por outro lado, embora não deficiente em coragem entre meu próprio povo, ou entre perigos com os quais estou familiarizado, não posso, sem um calafrio de horror, pensar em construir um lar conjugal no coração de um terrível caos, com todos os elementos da natureza, fogo, água e gases nocivos em guerra um com o outro, e com a probabilidade de que em algum momento, enquanto você estivesse ocupada cortando rochas ou transferindo vril para luminárias, eu pudesse ser devorado por um krek que suas operações perturbassem de seu esconderijo. Eu, um mero Tish, não mereço o amor de uma Gy tão brilhante, tão sábia, tão poderosa como você. Sim, não mereço esse amor, pois não posso retribui-lo.

Zee soltou minha mão, levantou-se, e virou o rosto para esconder suas emoções; então ela deslizou silenciosamente pelo quarto e parou na soleira. De repente, como que impelida por um novo pensamento, voltou para meu lado e disse, em um tom de suspiro:

– Você me disse que falaria com perfeita franqueza. Com perfeita franqueza, então, responda-me esta pergunta: se você não pode me amar, você ama outra?

– Certamente não.

– Você não ama a irmã de Taë?

– Eu nunca a tinha visto antes de ontem a noite.

– Isso não é resposta. O amor é mais rápido que o vril. Você hesita em me dizer. Não pense que é apenas ciúme que me move a preveni-lo. Se a filha do Tur declarar amor por você; se em sua ignorância ela confidenciar a seu pai qualquer preferência que possa justificar sua crença de que ela irá cortejá-lo, ele não terá opção a não ser solicitar sua imediata destruição, visto que ele é especialmente encarregado de levar em conta o bem da comunidade, que não poderia permitir uma filha de Vril-ya casar-se com um filho de Tish-a, no sentido de casamento que não se confina à união das almas. Ai! Não haveria, então, nenhuma escapatória para você. Ela não tem força nas asas para sustentá-lo no ar; ela não tem ciência com a qual possa fazer uma casa no deserto. Acredite que aqui fala minha amizade, e que meu ciúme está calado.

Com essas palavras Zee me deixou. E lembrando dessas palavras, não mais pensei em suceder ao trono de Vril-ya, ou nas reformas políticas, sociais e morais que instituiria no cargo de Soberano Absoluto.

Edward George Bulwer-Lytton

Capítulo 26

Depois da conversa com Zee que acabei de descrever, caí em profunda melancolia. O curioso interesse com o qual eu havia até então examinado a vida e os hábitos dessa maravilhosa comunidade chegava ao fim. Eu não podia banir de minha mente a consciência de que eu estava entre um povo que, embora gentil e cortês, poderia me destruir a qualquer momento sem escrúpulo ou sentimento de culpa. A virtuosa e pacífica vida das pessoas que, enquanto novas para mim, tinha parecido um santo contraste às disputas, paixões e vícios do mundo da superfície, agora começava a me oprimir com uma sensação de tédio e monotonia. Eu desejava uma mudança, mesmo que para o inverno, tempestade ou escuridão. Comecei a sentir que, quaisquer que fossem nossos sonhos de perfeição, nossas impacientes aspirações de uma forma de ser melhor, mais elevada e mais calma, nós, os mortais do mundo da superfície, não somos treinados ou adequados para desfrutar por muito tempo a grande felicidade com a qual sonhamos ou aspiramos.

Agora, nesse estado social dos Vril-ya, era singular observar quanto ele planejava unificar e harmonizar em um sistema quase todos os objetivos que os vários filósofos do mundo da superfície havia colocado ante as esperanças humanas como os ideais de um futuro Utópico. Era um estado no qual a guerra, com todos suas calamidades, era considerada impossível; um estado onde a liberdade de todos era assegurada ao mais alto grau, sem nenhuma daquelas animosidades que fazem a liberdade no mundo da superfície depender da eterna luta entre as partes hostis. Aqui a corrupção que degrada as democracias era tão desconhecida como os descontentamentos que minam os tronos das monarquias. Igualdade aqui não era um nome; era uma realidade. Os ricos não eram perseguidos, porque eles não eram invejados. Aqui aqueles problemas ligados ao trabalho de uma classe operária, até aqui insolúveis sobre o solo, e conduzindo ao ranço entre classes, era resolvido pelo mais simples processo; uma classe distinta e separada era agraciada com todas as invenções mecânicas, construídas sobre princípios que frustravam minha avaliação, operando por uma ação infinitamente mais poderosa e infinitamente mais fácil de manejar do que já extraímos da eletricidade ou vapor, com a ajuda de crianças cuja força nunca era sobrecarregada, mas que amavam seus empregos como esporte e passatempo, suficiente para criar uma riqueza pública voltada ao uso geral, onde nem uma queixa foi jamais ouvida. Os vícios que estragam nossas cidades, aqui não tinham lugar. Diversões abundavam, mas eram todas inocentes. Nenhuma brincadeira conduzia à intoxicação, ao distúrbio, à doença. O amor existia, e era ardente na busca, mas seu objeto, uma vez assegurado, era fiel. O adúltero, o perdulário, a meretriz, eram fenômenos tão desconhecidos nessa nação que até para achar palavras pelas quais eram designados ter-se-ia que procurar minuciosamente em uma literatura obsoleta composta milhares de anos antes. Aqueles que foram estudantes de filosofias teóricas sobre a terra sabem que todos esses estranhos pontos da vida civilizada apenas imaginam ideias que foram mencionadas, discutidas, ridicularizadas e contestadas; algumas vezes parcialmente tentadas, e ainda colocadas em livros fantásticos, mas nunca chegaram a resultados práticos. Nem foram todos esses passos na direção da perfeição teórica que essa comunidade deu. Havia sido a sóbria crença de Descartes que a vida do homem poderia ser prolongada, não, certamente, nesse mundo, à eternidade, mas ao que ele chamou de símio dos patriarcas, e modestamente definido ter de 100 a 150 anos em média. Bem, até esse sonho dos sábios era aqui realizado; não, mais que realizado; pois o vigor da meia idade era preservado mesmo depois que um século tivesse passado. Com essa longevidade estava combinada uma

Edward George Bulwer-Lytton

benção maior – a da contínua saúde. Doenças que acometiam a raça eram removidas com facilidade pelas aplicações científicas da ação – que dá e destrói vidas – que é inerente ao vril. Até essa ideia não é desconhecida sobre a superfície, embora tenha sido geralmente confinada a entusiastas ou charlatões, e emana de confusas noções sobre mesmerismo, a força dos cantos, etc. Passando por ideias triviais como asas, que todo garoto de escola sabe que tem sido tentado mas não conseguido desde os tempos míticos ou pré-históricos, prossigo naquela questão muito delicada, tido recentemente como essencial à perfeita felicidade de nossa espécie humana pelas duas mais perturbadoras e potenciais influências na sociedade do mundo da superfície – Mulher e Filosofia. Em outras palavras, os Direitos da Mulher.

É admitido pelos jurisconsultos que é inútil falar de direitos onde não há poderes correspondentes para reforçá-los; e sobre a superfície, por uma razão ou outra, o homem, em sua força física, no uso de armas ofensivas e defensivas, quando é o caso de competição pessoal positiva, pode, como uma regra de aplicação geral, controlar a mulher. Mas entre esse povo não pode haver dúvida sobre os direitos da mulher porque, como eu disse antes, a Gy, fisicamente falando, é maior e mais forte que o An; e sua vontade sendo também mais resoluta que a dele, e a vontade sendo essencial ao direcionamento da força vril, ela pode usar sobre ele com mais potência que ele sobre ela a mística ação que a habilidade pode extrair das propriedades ocultas da natureza. Portanto tudo que nossas filósofas sobre a superfície consideram como direitos da mulher, é cedido naturalmente nessa feliz nação. Além de tais poderes físicos, as Gy-ei têm (ao menos na juventude) um aguçado desejo de realizações e aprendizado que supera o dos homens; e assim elas são as cultas, as professoras – a porção inteligente, para resumir, da comunidade.

É claro, nesse estado de sociedade a mulher estabelece, como mostrei, seu mais valioso privilégio, que é o de escolher e cortejar seu parceiro matrimonial. Sem esse privilégio ela desprezaria todos os outros. Sobre a superfície, nós não compreenderíamos de forma razoável que uma mulher, assim potente e privilegiada, quando tivesse nos caçado e desposado, não fosse muito imperiosa e tirânica. Não com as Gy-ei: uma vez casada, as asas uma vez penduradas, e mais amáveis, complacentes, dóceis companheiras, mais simpáticas, mais mergulhadas com suas mais elevadas capacidades no estudo dos gostos e caprichos comparativamente frívolos de seus maridos, como nenhum poeta poderia conceber em suas visões da felicidade conjugal. Por último, entre as mais importantes características dos Vril-ya, que diferem de nossa humanidade, e muito importante na postura de suas vidas e a paz de suas nações, é sua concordância universal sobre a existência de uma misericordiosa e caridosa Divindade e de um mundo futuro de uma duração tal que um século ou dois são considerados momentos muito breves para desperdiçar em pensamentos de fama, poder e avareza; uma vez que uma coisa é combinada com a outra, ou seja, desde que eles não podem saber nada sobre a natureza dessa Divindade além do fato de Sua suprema bondade, nem sobre esse mundo futuro além do fato de sua feliz existência, então sua razão proíbe todas as ferozes disputas sobre questões insolúveis. Assim eles asseguram para esse estado nas entranhas da terra o que nenhuma comunidade já assegurou sob a luz das estrelas – todas as bênçãos e consolos de uma religião sem nenhum dos males e calamidades que são causados pela luta entre uma religião e outra.

Seria, então, totalmente impossível negar que o estado de existência entre os Vril-ya é assim, como um todo, incomensuravelmente mais feliz do que o das raças sobre a superfície e, realizando os sonhos de nossos mais otimistas filantropos, quase se aproxima de uma concepção de ordem angelical de um poeta. E ainda, se você pegasse mil dos melhores e mais filosóficos dos seres humanos que pudesse encontrar em Londres, Paris, Berlim, Nova York ou até Boston, e os colocasse como cidadãos nessa comunidade abençoada, minha crença é que, em menos de um ano, ou eles morreriam de tédio ou tentariam alguma revolução pela qual poderiam dificultar o bem da comunidade e serem queimados até virarem cinzas ao comando do Tur.

Certamente não tenho o desejo de insinuar, através dessa narrativa, nenhuma depreciação ignorante da raça à qual pertenço. Tenho, ao contrário, lutado para fazer claro que os princípios que regulam o sistema social dos Vril-ya os proíbem de produzir aqueles exemplos individuais de grandeza humana que adornam os anais do mundo da superfície. Onde não há guerras não pode haver nenhum Hannibal, nenhum Washington, nenhum Jefferson, nenhum Sheridan; onde estados são tão felizes que não temem nenhum perigo e não desejam nenhuma mudança, eles não podem fazer aparecer um Demóstenes, um Webster, um Summer, um Wendel Holmes ou um Butler; e onde

Edward George Bulwer-Lytton

uma sociedade atinge um padrão moral no qual não há crimes e sofrimentos dos quais a tragédia pode extrair seu alimento de piedade e sofrimento, nenhum vício saliente ou insensatez sobre a qual a comédia pode gastar sua hilária sátira, perdeu a chance de produzir um Shakespeare, ou um Moliére, ou uma Sra. Beecher Stowe. Mas não tenho nenhum desejo de depreciar meus companheiros sobre a superfície mostrando quanto os motivos que impelem as energias e ambições de indivíduos em uma sociedade de competição e luta – tornado dormente ou nula em uma sociedade que objetiva segurança para o agregado, a calma e inocente felicidade que nós presumimos ser o quinhão de abençoados imortais; nem, por outro lado, tenho o desejo de representar as nações de Vril-ya como uma forma ideal de sociedade política, à realização da qual nossos próprios esforços de reforma deveriam ser direcionados. Pelo contrário, é porque nós juntamos, através de inúmeras eras, os elementos que compõem o caráter humano, que seria totalmente impossível para nós adotar os modos de vida, ou harmonizar nossas paixões aos modos de pensar entre os Vril-ya – que eu cheguei à convicção que esse povo – embora originariamente não apenas de nossa raça humana mas, como parece claro para mim pelas raízes de sua língua, descendente dos mesmos ancestrais como a grande família ariana, da qual em variadas vertentes fluiu a civilização dominante do mundo; e tendo, de acordo com seus mitos e sua história, passado por fases de sociedade familiar a nós mesmos – ainda não desenvolvido em uma espécie distinta com a qual era impossível que qualquer comunidade no mundo da superfície poderia se reunir; e que se eles alguma vez emergissem dessas reentrâncias subterrâneas para a luz do dia, eles destruiriam, de acordo com suas próprias crenças tradicionais de seu destino final, e substituiriam nossas variedades existentes de ser humano.

Pode ser dito, certamente, desde que mais do que uma Gy pôde imaginar uma atração por um tipo tão ordinário de nossa raça da superfície como eu, que mesmo que se os Vril-ya realmente aparecessem sobre a terra, nós poderíamos ser salvos do extermínio pela mistura das raças. Mas isso é uma crença muito otimista. Exemplos de tais uniões fadadas ao insucesso seriam tão raras como aquelas de casamentos entre emigrantes anglo--saxões e os índios pele-vermelha. Nem haveria tempo para a operação de relacionamento familiar. Os Vril-ya, ao emergirem, induzidos pelo charme de um céu ensolarado para formar seus assentamentos sobre o solo, começariam de imediato o trabalho de destruição, tomariam os territórios já cultivados e expulsariam, sem escrúpulo, todos os habitantes que resistissem à invasão. E considerando seu desacato pelas instituições de Koom-Posh ou Governo Popular, e o combativo valor de meus amados compatriotas, acredito que se os Vril-ya aparecessem primeiro na América livre - sendo a porção de melhor qualidade da terra habitável, eles seriam induzidos, sem dúvida, a dizer: "Nós tomamos esse quarto do globo; cidadãos de Koom-Posh, abram caminho para o desenvolvimento da espécie em Vril-ya," meus bravos compatriotas lutariam, e nenhum deles restaria nesta vida, para se reunir em volta da bandeira dos Estados Unidos ao fim de uma semana.

Eu agora pouco via Zee, salvo nas refeições, quando a família se reunia, e ela ficava então reservada e em silêncio. Minhas apreensões por uma afeição que eu tinha encorajado ou merecido tão pouco, portanto, agora desapareciam, mas minha melancolia continuava a crescer. Eu ansiava por escapar para o mundo da superfície, mas pensei muito em vão em qualquer meio de efetivar isso. Nunca me era permitido andar sozinho, de tal forma eu não podia sequer visitar o local no qual eu tinha descido e ver se era possível subir de volta para a mina. Nem mesmo nas Horas Silenciosas, quando a casa estava toda dormindo, eu poderia descer do andar superior no qual meu apartamento estava localizado. Eu não sabia como comandar o autômato que ficava de forma zombeteira à minha vista ao lado da parede, nem podia determinar as molas pelas quais eram colocadas em movimento as plataformas que substituíam as escadas. O conhecimento de como me aproveitar desses aparelhos havia me sido propositadamente negado. Oh... se eu pudesse ter aprendido o uso das asas, aqui tão livremente à disposição de qualquer criança, então eu poderia ter escapado pela janela, chegado às rochas e flutuado através do abismo do qual os lados perpendiculares proibiam o caminhar para um humano!

Capítulo 27

Um dia, enquanto estava sentado sozinho meditando em meu aposento, Taë voou para dentro através da janela aberta e pousou no sofá ao meu lado. Eu sempre ficava satisfeito com as visitas de uma criança, em cuja companhia, se humilhado, eu era menos eclipsado do que pelos Ana que tivessem completado sua educação e amadurecido o entendimento. E como me era permitido caminhar tendo a ele como companhia, e como eu desejava revisitar o local no qual eu havia descido ao mundo subterrâneo, me apressei em perguntar a ele se estava com tempo para um passeio além das ruas da cidade. Sua expressão me pareceu mais grave do que a usual ao responder:

– Eu vim até aqui com o propósito de convidá-lo a isso.

Logo nos encontrávamos na rua, e não havíamos chegado longe da casa quando encontramos cinco ou seis jovens Gy-ei que estavam voltando dos campos com cestas cheias de flores e cantando uma canção em coro, conforme andavam. Uma Gy jovem canta mais frequentemente do que fala. Elas pararam ao nos ver, dirigindo-se a Taë com uma gentileza familiar e a mim com a cortês elegância que distingue as Gy-ei em seus modos com o sexo mais fraco.

E aqui eu posso observar que, embora uma Gy virgem seja tão franca em sua corte ao indivíduo que ela favorece, não há nada que se aproxime aos modos amplos e barulhentos que as jovens damas da raça anglo-saxônica, a quem o distinto adjetivo de "rápida" é concedido, exibem aos jovens cavalheiros a quem elas não professam seu amor. Não; o comportamento das Gy-ei com os homens em geral é muito parecido com o dos homens educados nas cavalheirescas sociedades do mundo da superfície para com as damas a quem eles respeitam mas não cortejam; respeitoso, lisonjeiro, requintado, polido – o que poderíamos chamar de "fidalgo".

Certamente eu estava um pouco aborrecido pelo número de coisas delicadas dirigidas ao meu amor próprio, que eram ditas a mim por essas corteses jovens Gy-ei. No mundo de onde eu vinha, um homem se acharia melindrado, tratado com ironia, caçoado (se uma gíria tão vulgar possa ser permitida pela autoridade de novelistas populares que a usam tão livremente), quando uma linda Gy cumprimentou o vigor de minha complexão, uma outra a escolha das cores de minha roupa, uma terceira, com um sorriso matreiro, as conquistas que eu tinha feito em relação a Aph-Lin. Mas eu já sabia que toda essa linguagem era o que os franceses chamam de banal, e apenas expressavam na boca feminina, abaixo da terra, aquele tipo de desejo de passar por amigável com o sexo oposto que, sobre a terra, o costume arbitrário e a transmissão hereditária demonstram pela boca do homem. E como uma educada, jovem dama, sobre a terra, habituada a tais elogios, sente que ela não pode, sem impropriedade, retribui-los nem mostrar qualquer grande satisfação ao recebê--los; então eu, que havia aprendido maneiras polidas na casa de tão rico e digno Ministro daquela nação, podia apenas sorrir e tentar parecer estar timidamente negando os elogios feitos a mim. Enquanto estávamos assim conversando, a irmã de Taë, parece, havia nos visto dos quartos mais altos do Palácio Real na entrada da cidade e, se jogando com suas asas, pousou no meio do grupo.

Separando-me, ela disse, embora ainda com a inimitável deferência de modos que eu havia chamado de "fidalgo", ainda não sem uma certa aspereza de tom que, dirigido ao sexo mais fraco, Sir Philip Sidney teria chamado de "rústico":

– Por que você nunca vem nos ver?

Enquanto eu estava deliberando sobre a resposta certa para dar a essa pergunta não solicitada, Taë disse rápida e severamente:

– Irmã, você esquece que o estranho é do meu sexo. Não é para pessoas do meu sexo, tendo que respeitar a reputação e humildade, rebaixar-se buscando a sua companhia.

Esse discurso foi recebido com evidente aprovação pelas jovens Gy-ei em geral; mas a irmã de Taë parecia muito envergonhada. Pobrezinha! – e uma PRINCESA!

Justamente nesse momento uma sombra caiu no espaço entre eu e o grupo; e, me virando, contemplei o magistrado chefe se aproximando de nós, com o silencioso e imponente passo peculiar aos Vril-ya. Ao ver sua expressão, o mesmo terror que havia me tomado quando o vi pela primeira vez voltou. Naquela fronte, naqueles olhos, estava a mesma indefinida coisa que marcava o ser de uma raça fatal à nossa própria – aquela estranha expressão de serena isenção de nossos cuidados e paixões comuns, de consciência do poder superior, compassivo e inflexível como o juiz que pronuncia a morte. Eu tremi e, me inclinando, apertei o braço da minha criança amiga e o puxei para frente em silêncio. O Tur se colocou em nosso caminho, me olhou por um momento sem falar, então voltou seus olhos silenciosamente para o rosto de sua filha e, com uma grave saudação a ela às outras Gy-ei, misturou-se ao grupo – ainda sem uma palavra.

Capítulo 28

Quando Taë e eu nos encontrávamos sozinhos na ampla estrada que fica entre a cidade e o abismo através do qual eu havia descido para essa região abaixo da luz das estrelas e do sol, eu disse baixinho:

– Criança e amigo, há um olhar no rosto de seu pai que me horroriza. Eu sinto como se, em sua terrível tranquilidade, tivesse encarado a morte.

Taë não respondeu de imediato. Ele parecia agitado, como se debatesse consigo mesmo quais palavras usar para suavizar alguma informação indesejada. Por fim disse:

– Nenhum dos Vril-ya teme a morte; você teme?

– O pavor da morte está implantado no peito da raça à qual eu pertenço. Nós podemos dominá-lo no cumprimento do dever, da honra, do amor. Nós podemos morrer por uma verdade, por uma terra nativa, por aqueles que nos são mais queridos que nós mesmos. Mas se a morte realmente me ameaça aqui e agora, onde estão os contrapontos ao instinto natural que vê com medo e terror o término do corpo e alma?

Taë pareceu surpreso, mas havia uma grande ternura em sua voz ao responder:

– Direi a meu pai o que você disse. Vou suplicar a ele para

poupar sua vida.

– Ele já, então, decretou minha destruição?

– É culpa ou insensatez de minha irmã – disse Taë, com alguma petulância. – Mas ela conversou esta manhã com meu pai; e, depois que ela conversou, ele me convocou, como um chefe entre as crianças que são encarregadas de destruir vidas que ameaçam a comunidade, e me disse:

– Pegue o bastão vril e procure o estranho que se fez querido a você. Seja seu fim indolor e rápido.

– E é então – balbuciei, me afastando da criança – para meu assassinato que assim traiçoeiramente você me convidou para sair? Não, não posso acreditar. Não posso imaginar você culpado de tal crime.

– Não é crime matar aqueles que ameaçam o bem da comunidade; seria um crime matar o menor dos insetos que não pode nos fazer mal.

– Se você quer dizer que eu ameaço o bem da comunidade porque sua irmã me honra com o tipo de preferência que uma criança pode sentir por um estranho brinquedo, não é necessário me matar. Deixe-me retornar ao povo que eu deixei, e pelo abismo através do qual eu desci. Com uma pequena ajuda sua, posso fazer isso agora. Você, com a ajuda de suas asas, poderia amarrar às saliências rochosas dentro do abismo a corda que encontrou e certamente guardou. Faça apenas isso; me ajude a chegar no local onde eu desci, e eu desapareço de seu mundo para sempre, tão certamente como se eu estivesse entre os mortos.

– O abismo através do qual você desceu! Olhe em volta; estamos agora exatamente no lugar onde ele se abriu. O que você vê? Apenas rocha sólida. O abismo foi fechado, por ordem de Aph-Lin, tão logo a comunicação entre ele e você foi estabelecida em seu transe, e ele soube de sua boca a natureza do mundo de onde você veio. Você não lembra quando Zee me ordenou não perguntar a você quanto a você mesmo e sua raça? Ao deixá-lo naquele dia, Aph-Lin dirigiu-se a mim e disse: "Nenhuma trilha entre o lar do estranho e o nosso deve ser deixada aberta, ou a tristeza e o mal de seu lar pode descer para o nosso. Leve com você as crianças de sua equipe, destrua os lados da caverna com seus bastões vril até que a queda de seus fragmentos preencha cada fresta através da qual um brilho de nossas luminárias pudesse passar".

Conforme a criança falava, eu olhava para as rochas fechadas diante de mim. Enormes e irregulares, mas massas de granito, mostrando pela descoloração queimada onde haviam sido estilhaçadas, se levantavam do chão até o alto do teto; nem um furinho sequer!

– Não há mais esperança, então – murmurei, me afundando no chão duro –, e nunca mais verei o sol.

Cobri o rosto com as mãos, e orei a Ele cuja presença eu havia esquecido tão frequentemente quando os céus proclamavam Sua obra. Senti Sua presença nas profundezas da terra subterrânea, e no mundo da morte. Olhei para cima, tomando conforto e coragem de minhas orações, e olhando com um silencioso sorriso para o resto da criança, eu disse:

– Agora, se você deve me matar, ataque.

Taë balançou a cabeça gentilmente.

– Não; – disse ele – o pedido de meu pai não é tão formalmente feito a ponto de não me deixar nenhuma escolha. Falarei com ele e talvez eu possa conseguir salvá-lo. Estranho que você tenha esse medo da morte que nós pensávamos que era apenas o instinto de criaturas inferiores, a quem a convicção de uma outra vida não foi concedida. Para nós, nem uma criança conhece tal medo. Diga-me, meu querido Tish – continuou ele, após uma pequena pausa –, o acalmaria mais partir desta forma de vida para aquela forma que está no outro lado do momento chamado "morte", se eu compartilhasse sua jornada? Se sim, perguntarei a meu pai se seria permitido a mim ir com você. Sou um de nossa geração destinado a emigrar, quando na idade certa, para regiões desconhecidas deste mundo. Eu apenas emigraria para regiões desconhecidas, em um outro mundo. O Todo-Bondade não está menos lá do que aqui. Onde Ele não está?

– Criança – disse eu, vendo pela expressão de Taë que ele falava com seriedade – é um crime para você me matar; seria um crime nada menor para mim dizer "Mate a si mesmo". O Todo-Bondade escolhe Sua própria hora para nos dar a vida, e Sua própria hora para tirá-la. Vamos voltar. Se, ao falar com seu pai, ele decidir por minha morte, me dê o maior tempo possível em teu poder, de tal forma que eu possa passar o intervalo em autopreparação.

Voltamos para a cidade, conversando apenas de forma intermitente. Não podíamos entender o raciocínio um do outro, e eu senti pela criança, com sua voz suave e belo rosto, como um condenado sente pelo carrasco que anda a seu lado até o local da morte.

Capítulo 29

No meio daquelas horas separadas para dormir e que constituem a noite dos Vril-ya, eu fui acordado do perturbado sono que há muito não me acontecia por uma mão no meu ombro. Acordei e vi Zee parada ao meu lado.

— Rápido — disse ela, em um suspiro —, não deixe que ninguém nos ouça. Você acha que eu parei de olhar pela sua segurança porque eu não poderia ganhar seu amor? Eu vi Taë. Ele não persuadiu seu pai, que havia nesse meio tempo consultado os três sábios de quem, em questões duvidosas, ele ouve o conselho, e por seus conselhos ele ordenou que você perecesse quando o mundo despertar para a vida. Eu o salvarei. Levante e vista-se.

Zee apontou para uma mesa ao lado do sofá sobre a qual vi as roupas que eu vestia ao deixar o mundo da superfície e que eu havia trocado subsequentemente pela mais pitoresca roupa dos Vril-ya. A jovem Gy então se moveu em direção à janela e entrou no balcão, enquanto eu vestia minhas próprias vestimentas rapidamente e ainda surpreso. Quando me juntei a ela no balcão, sua face estava pálida e rígida. Pegando-me pela mão, ela disse suavemente:

— Veja quão brilhantemente o trabalho dos Vril-ya iluminou o mundo no qual vivem. Amanhã esse mundo será escuro para mim.

Ela me levou de volta para o quarto sem esperar minha resposta, dali para o corredor, de onde nós descemos para o saguão. Passamos pelas ruas desertas e ao longo da ampla estrada que serpenteia sob as rochas. Aqui, onde não há dia ou noite, as Horas Silenciosas são imensamente solenes – o vasto espaço iluminado é totalmente sem visão e movimento de vida mortal. Tão suaves eram nossos passos, que o som irritava os ouvidos, assim como estava em desarmonia com o repouso universal. Eu estava ciente, embora Zee não tivesse dito, que ela havia decidido ajudar-me a retornar ao mundo da superfície, e que estávamos certamente indo em direção ao local de onde eu havia descido. Seu silêncio me contagiou e comandou o meu. E agora nos aproximávamos do abismo. Ele havia sido reaberto; não apresentando, de certo, o mesmo aspecto de quando eu havia emergido dele mas, através daquela parede fechada de rocha diante da qual eu ficara parado com Taë, uma nova fenda havia sido aberta, e ao longo de seus lados escurecidos ainda vislumbrava-se centelhas e brasas ardentes. Olhando para cima, entretanto, eu não podia penetrar com a visão mais do que alguns poucos metros na escuridão do buraco vazio, e fiquei parado, consternado, e me perguntando como aquela horrível subida seria feita.

Zee previu minha dúvida e disse, com um pálido sorriso:

– Teu retorno está garantido. Iniciei esse trabalho quando as Horas Silenciosas começaram, e todos os outros estavam dormindo; acredite que não parei até que o caminho de volta para seu mundo estivesse livre. Ficarei com você um pouco mais ainda. Não nos separaremos até que você diga "Vá, pois não preciso mais de você".

Meu coração foi golpeado de remorso com essas palavras.

– Ah – exclamei –, fosse você de minha raça ou eu da sua, então eu nunca diria "Não preciso mais de você".

– Bendigo-o por essas palavras, e me lembrarei delas quando tiver partido – respondeu a Gy, ternamente.

Durante essa rápida troca de palavras, Zee havia se afastado de mim, seu corpo curvou-se e sua cabeça arqueou-se até seu peito. Agora, ela se levantava em toda sua alta estatura e punha-se a me observar. Enquanto estava assim, afastada de meu olhar, ela acendeu a tiara que usava ao redor de sua testa, de tal forma que resplandeceu como se fosse uma coroa de estrelas. Não apenas seu rosto e seu corpo, mas a atmosfera em volta foram iluminados pelo esplendor do diadema.

– Agora – disse ela – ponha seus braços em volta de mim

pela primeira e última vez. E mais; coragem e agarre-se firme.

Ao falar seu corpo se dilatou, as grandes asas se abriram. Agarrando-me a ela, fui levado para cima através do terrível abismo. A luz estelar de sua testa iluminava a nossa volta e à frente através da escuridão. Brilhante, firme e rapidamente como um anjo pode levantar vôo em direção ao céu com a alma que resgata da sepultura, foi o vôo da Gy, até que ouvi de longe o sussurro de vozes humanas, os sons do duro trabalho humano. Paramos no chão de uma das galerias da mina e além, na paisagem, queimavam as turvas, fracas, débeis luminárias dos mineiros. Então me soltei do abraço. A Gy beijou-me na testa com paixão, mas como uma paixão de mãe e disse, enquanto as lágrimas brotavam de seus olhos:

– Adeus para sempre. Você não me deixará entrar em seu mundo; você nunca poderá voltar ao meu. Antes que nossa casa saia do sono, as rochas terão fechado de novo o abismo, para não ser reaberto por mim, nem talvez por outros, por tempos ainda não sabidos. Pense em mim às vezes, e com carinho. Quando eu alcançar a vida que está além deste pontinho no tempo, eu irei procurar por você. Mesmo lá, o mundo dado a você e seu povo pode ter rochas e abismos que o dividam daquele no qual me juntarei àqueles de minha raça que se foram antes, e eu posso não ter poderes para abrir caminho para tornar a alcançar você como abri caminho para perdê-lo.

Sua voz cessou. Ouvi o sussurro de suas asas como a de cisnes, e vi os raios de seu brilhante diadema recuando cada vez mais longe através das trevas.

Sentei-me por algum tempo, meditando tristemente; então me levantei e tomei meu caminho com passos lentos em direção ao lugar onde ouvira os sons dos homens. Os mineiros que encontrei eram estranhos para mim, de um outro país que não o meu. Eles se viraram para me olhar com alguma surpresa, mas percebendo que eu não podia responder suas breves perguntas em seu próprio idioma, voltaram a seu trabalho e me foi difícil passar sem ser molestado. Por fim, cheguei à boca da mina, um pouco atormentado por outros interrogatórios – salvo aqueles de um oficial amigável que me conhecia e, por sorte, estava muito ocupado para conversar muito comigo. Tomei o cuidado de não voltar ao meu antigo alojamento, mas me apressei naquele mesmo dia em sair da vizinhança onde eu não poderia esperar poder escapar de perguntas às quais eu não poderia dar respostas satisfatórias. Cheguei em segurança ao meu próprio país, no qual estou há muito tempo pacificamente assentado e engajado em negócios práticos, até que me aposentei, com uma fortuna adequada, três anos atrás. Pouco fui convidado e tentado a falar das andanças e aventuras de minha juventude. Um tanto quanto desapontado, como muitos homens o são, em assuntos ligados ao amor caseiro e vida doméstica, frequentemente penso na jovem Gy ao me sentar sozinho à noite, e me pergunto como eu pude ter rejeitado tal amor, não importa que perigos pudessem se apresentar, ou por quais condições era restrito. Apenas, quanto mais penso em um povo se desenvolvendo calmamente, em regiões fora de nossa vista e considerada inabitável pelos nossos sábios, com poderes ultrapassando nossas mais altas forças e virtudes às quais nossa vida social e política se tornam antagônicas conforme nossa civilização avança, mais devotadamente eu rezo que eras possam ainda decorrer antes que emerjam à luz do sol nossos inevitáveis destruidores. Sendo-me dito francamente, no entanto, por meu médico, que sou afligido por uma doença que, embora cause pouca dor e não mostre nada perceptível de sua invasão, pode a qualquer momento ser fatal, pensei ser meu dever para com meus companheiros humanos registrar esses avisos sobre a Futura Raça.

FIM

Edward George Bulwer-Lytton

Rienzi

EDWARD BULWER-LYTTON
Formato 14 x 21 cm • 504 p.

Na Itália do século XIV, Roma estava entregue ao poder de inescrupulosos nobres de famílias rivais e de mercenários estrangeiros. Decadente, sem leis, sem artes, sem ordem, enfim, sem as virtudes da antiga República, a noção de liberdade e dignidade havia desaparecido. Desmandos, fraudes, pilhagem, assassinatos e opressão aos cidadãos eram a tônica da época. Nesse cenário surge a figura extraordinária de um líder cujas únicas armas eram a eloquência e o carisma, a serviço de um ideal: restaurar a dignidade romana e a liberdade de seus concidadãos. Alçado à condição de tribuno, mais tarde de senador, Rienzi instaura um poder assentado no povo, vence a velha aristocracia corrompida, administra uma justiça igualitária e limpa a região dos assaltantes, atraindo para si o ódio de nobres e aventureiros que se empenham em sua destruição.

O herói desta narrativa é um personagem fascinante, que inspirou a Wagner a ópera intitulada *Rienzi*. A trajetória desse personagem, capaz de hipnotizar multidões e cultivar o mais terno amor pela única mulher de sua vida, se mescla com as histórias de cavaleiros, prelados, aventureiros e das principais figuras que compuseram a política e o poder da Europa à época. A peste negra, em plena Florença, as batalhas, os castelos, os acampamentos mercenários, os luxuosos interiores aristocráticos, o clero corrupto, a sociedade romana, tudo revive nas páginas desta obra.

Para retratar essa personagem singular e a verdade de sua vida, não bastaria um historiador: só os dons psíquicos especiais de Bulwer-Lytton, renomado autor de *Zanoni* e *Os Últimos Dias de Pompéia*, romances históricos consagrados, permitiriam um olhar tão fundo e detalhado de cenas, emoções, cenários e tramas. Sua reconstituição precisa e colorida nos transporta ao palco dos acontecimentos, à interioridade dos personagens, fazendo do leitor um privilegiado espectador de dramas românticos e embates públicos, e de uma reconstituição verdadeiramente cinematográfica de uma época aventuresca.

Os Últimos Dias de Pompéia
EDWARD BULWER-LYTTON
Formato 14 x 21 cm • 512 p.

Em meio à tragédia que se abate sobre a cidade de Pompéia no ano de 79 d.C., quando as lavas do adormecido Vesúvio ressurgem petrificando para sempre o cotidiano e as riquezas de seus habitantes (aliás, uma alegre e imponente engrenagem de prazer!), ganha vida a atribulada história de amor entre o rico ateniense Glauco e a bela napolitana Ione. O romance surge num ambiente marcado pela inveja e pela maldade de Arbaces, cujo gélido semblante parece entristecer o próprio Sol. A qualquer preço o astuto mago egípcio pretende possuir sua jovem tutelada, e acaba por envolvê-la num plano sórdido e macabro que choca pela crueldade.

Pontuada por intrincados lances de puro lirismo, fé e feitiçaria, a trama envolve ainda os primórdios do cristianismo, que busca se afirmar numa cultura marcada pelo panteísmo e pela selvageria das arenas e sua sede de sangue.

Narrado brilhantemente por Edward Bulwer-Lytton, numa perspectiva presente, este instigante romance histórico, aqui condensado em um único volume, revela que a eterna busca do homem pelos valores superiores ultrapassa a própria História e até as grandiosas manifestações da natureza.

Com toda certeza, *Os Últimos Dias de Pompéia* é obra de enorme valor literário que vai conquistar o leitor brasileiro, assim como ocorreu em inúmeros países onde foi traduzido e se fez best-seller.

Entre Dois Mundos

FREDERICK S. OLIVIER / W. SCOTT-ELLIOT

Formato 14 x 21 cm • 288 p.

Entre as civilizações perdidas do planeta, não há outra que desperte mais fascínio que a Atlântida, seguida de perto pela Lemúria.

Esta obra contém dois livros que constituem a mais autêntica e fascinante descrição, já reunida, da Atlântida.

O texto de W. Scott-Elliot é um clássico: o mais abrangente e esclarecedor sobre a totalidade da civilização atlante, a quarta raça-raiz planetária. Sua descrição das sub-raças, suas características, localização e expansão; a cronologia exata, pela primeira vez devidamente esclarecida, dos quatro sucessivos afundamentos do continente atlante; os mapas que caracterizam cada um dos períodos respectivos; as migrações que vieram a originar culturas tão diversas como a dos egípcios, gregos, maias, incas, peles-vermelhas, e as inúmeras informações sobre a magia e a decadência daquela grande raça etc., tudo permite qualificá-lo como o painel definitivo mais importante da literatura espiritualista sobre a civilização atlante. O autor é um clarividente inglês reconhecido no meio teosófico, e sua pesquisa foi feita diretamente nos registros akáshicos (a memória da natureza), uma garantia de autenticidade e sobriedade.

O texto do espírito Phyllos traz o depoimento real e emocionante de um atlante da última fase; um habitante de Poseidônis que relata suas aventuras e desventuras, amores e dramas em paralelo à mais precisa e detalhada descrição do último reino atlante – seus costumes, tecnologia, sistema educacional e político, arquitetura e urbanismo, espiritualidade, naves aéreas, suas colônias americanas – e sua decadência e catástrofe derradeira. Essa obra, inspirada a um jovem sensitivo de 17 anos, tornou-se um clássico da literatura da nova era de língua inglesa, e pela primeira vez surge no Brasil.

Nova História do Espiritismo
DALMO DUQUE DOS SANTOS
Formato 14 x 21 cm • 584 p.

Finalmente, depois de mais de 80 anos, o espiritismo e o movimento espírita são alvos de uma nova abordagem historiográfica. Diferente da obra clássica de Arthur Conan Doyle, publicada em 1926, que realçou a fase fenomênica e colocou Allan Kardec e o período filosófico em segundo plano, esta nova obra de pesquisa e reflexão pretende pôr fatos e personagens em seus devidos lugares. A razão do equívoco histórico é que Conan Doyle, como a maioria dos ingleses e norte-americanos de sua época, não fizeram, como fez Kardec, a distinção entre espiritualismo e espiritismo. Para ele, tudo era *spiritualism* e a reencarnação seria então apenas um detalhe dessa nova revelação. Mas a história mostrou o contrário: as idéias de Kardec tinham uma visão mais ampla e realista desses acontecimentos, e sua sistematização como ciência e doutrina filosófica sobreviveram ao tempo, enquanto as tendências do *spiritualism* se fragmentaram. Passaram-se quase 100 anos e o movimento espírita tomou rumos que nem o próprio Kardec imaginava: surgiram novas tendências, as naturais divergências e, como ideologia unificadora, a busca da convergência.

Essa segunda parte da história não foi contada por Conan Doyle. Nem poderia, pois a maioria dos acontecimentos marcantes ainda estava por vir, e bastante fora do contexto eurocêntrico da *Belle Époque*. Exemplos: o espiritismo desaparece da França no século 20 e explode no Brasil como opção religiosa de milhões de adeptos. A FEB e muitas outras entidades federativas regionais assumem a propaganda e as diretrizes do movimento, através da ação de inúmeros médiuns e influentes líderes espíritas, de múltiplas concepções e tendências sobre a filosofia espírita. Chico Xavier torna-se a figura mais expressiva do movimento, e sua obra literária brilha como a principal referência doutrinária em relação aos livros de Kardec. Sua biografia e uma adaptação do livro *Nosso Lar* são levados para o cinema, atingindo recordes de bilheteria. E finalmente, o Brasil configura-se como a principal nação espírita e uma das principais culturas reencarnacionistas do planeta.

Dividido em sete tomos, distribuídos em 584 páginas, *Nova História do Espiritismo* é obra importantíssima para aqueles que buscam cada vez mais uma diretriz espiritual para suas vidas.

Jack London
O Andarilho das Estrelas

O Andarilho das Estrelas
JACK LONDON
Formato 14 x 21 cm • 320 p.

No começo do século XX, saíram contrabandeados da penitenciária de San Quentin, nos Estados Unidos, manuscritos de um ex-detento que permaneceu na solitária por oito anos, até ser enforcado. Este seria um fato comum, não fosse o incrível conteúdo dos relatos, que foram produzidos de maneira inusitada — após o prisioneiro submeter-se à auto-hipnose e entrar em estado alterado de consciência, por meio do qual era capaz de vivenciar experiências de vidas passadas.

Danell Standing, um professor de agronomia que matou um colega de faculdade, aprendeu essa técnica dentro da prisão, em princípio para escapar das terríveis dores que lhe causavam a tortura da camisa-de-força, onde ele era obrigado a ficar até cem horas ininterruptas. Depois, para recuperar mais detalhes das longínquas existências que lhe eram proporcionadas a cada novo desdobramento astral. Em suas memórias, ele deixou registrado um relato que nos chama atenção porque as provas dessa sua existência encontram-se expostas hoje no museu da Filadélfia.

Embora fosse um cético, Jack London, mestre norte-americano da ficção, absorveu a rica experiência de Danell Standing e se propôs a narrar um dos mais instigantes e envolventes romances de todos os tempos, *O Andarilho das Estrelas*, que retoma a visão de mundo de grandes sábios e filósfos que a humanidade produziu.

Haiawatha
MARILÉA DE CASTRO / ROGER FERAUDY
Formato 14 x 21 cm • 320 p.

Este capítulo inédito e autêntico da história oculta do continente americano foi retirado dos registros suprafísicos e recontado fielmente pelos autores

Haiawatha, o grande mestre da raça vermelha — que o mundo já conheceu sob outros nomes célebres — encarnou entre o povo iroquês para concretizar um extraordinário projeto de paz e universalismo, que se materializou na Federação Iroquesa, com a união das cinco nações desse povo. Ele deveria ser estendido a todas as nações e povos da Terra.

Os elevados valores espirituais e éticos da raça vermelha — os toltecas emigrados da Atlântida — e a sua avançada organização socialista e fraterna, seu respeito inigualado à mãe-terra e todas as formas de vida, seu xamanismo e a visão espiritual, enfim, tudo o que a raça branca ignorou e ignora é resgatado nesta obra.

Relatos de amor e ódio, nobre coragem e traições, forças xamânicas e magia das sombras, tecem, com o quotidiano do povo iroquês, o pano de fundo da luta pela Federação, no cenário de beleza intocada da Terra da Neve Branca — a América do Norte de séculos atrás.

Esta obra desvenda a verdade sobre a extraordinária cultura dos peles-vermelhas, os filhos do Grande Espírito, que nunca olvidaram sua origem divina. Imprescindível a todos os espiritualistas bem informados, esse relato mostra a dimensão de uma futura proposta de convivência que aguarda a humanidade terrestre.

VRIL, O PODER DA RAÇA FUTURA
foi confeccionado em impressão digital, em fevereiro de 2025
Conhecimento Editorial Ltda
(19) 3451-5440 — conhecimento@edconhecimento.com.br
Impresso em Luxcream 80g - StoraEnso